La cirugía que más pesa

Mi camino con manga y bypass gástrico

Mariana den Hollander Miranda

Copyright © 2021 Mariana den Hollander

All rights reserved.

ISBN 9798728732846

Para mi Tía Isabel, siempre.

AGRADECIMIENTOS

A la maravillosa comunidad en Instagram de @marianadenhollander_libros: son ustedes quienes me dejaron en claro que este libro tenía que existir ya. No en seis meses, o siendo un capítulo de otro libro, no. Era *ya*. Les dedico este libro con todo mi amor.

A Sven, mi compañero de vida, que me sostiene la mano con una sonrisa y que desde hace cinco años vive conmigo las secuelas de una decisión que tomé doce años atrás. Es él quien ha vivido la realidad diaria de mis síntomas.

A Erika Wrede, mi editora y aliada, gracias. A Catalina Brenes y Daniela Miranda por su trabajo y apoyo. Infinitas gracias a ustedes tres por sumergirse en este viaje de mis libros una y otra vez. Me ayudan a sentirme invencible.

A mi nutricionista de la alimentación intuitiva, Raquel Lobatón, por su trabajo incansable de traer justicia y liberación corporal a la comunidad de cuerpos diversos hispanohablantes. A mi psicóloga especializada en trastornos de la conducta alimentaria (TCA) alineada con Salud en todas las tallas, Haica Rosenfeld, por educar y crear la comunidad @somoshaes, y por ayudarme a sanar mi relación con la comida y aprender a verla con amor; y a mí misma, con autocompasión.

Todo mi amor y admiración a Valentina, Javier, Artemisa, Aleja, Paulina, Yesi, Marcela, Kathya, Denise y Lupita por contar sus historias en este libro. Ustedes son parte de mi aprendizaje, mi sanación y motivación para compartir lo que vivimos. ¡Somos comunidad!

A Arte Jimenez, por su gran Mujereología. A la nutricionista Rosario Espino y la psicóloga Melissa Mata por su apoyo constante. ¡Aliadas! A la doctora Candelaria Lopez Gomez y la nutricionista Lorena Torres por su contribución profesional a este libro. Gracias a Lindo Bacon, Christy Harrison, Evelyn Tribole y a tantas mujeres alrededor de España, Estados Unidos y Latinoamérica que tratan de educarnos y liberarnos de la gordofobia y el peso de la cultura de las dietas. Tantas autoras, trabajadoras de la salud, activistas, sobrevivientes, todas guerreras creando conciencia. ¡Gracias!

Lo que especialistas dicen de
La cirugía que más pesa

«*La cirugía que más pesa* es una ventana generosa que Mariana ha abierto a su vida, proporcionándonos la magnífica oportunidad de conocer con detalle el mundo de la cirugía bariátrica. Este libro es un acto de vulnerabilidad que beneficiará a todas las personas que por alguna razón estén interesadas en aprender más acerca de la cirugía bariátrica.

Si has estado considerando la cirugía bariátrica, necesitas leer este libro para tomar una decisión informada. Lamentablemente, no hay suficiente información científica de las secuelas a largo plazo de esta cirugía, por lo que los mismos médicos no te ofrecerán la información que encontrarás acá.

Si ya te hiciste la cirugía bariátrica y has estado batallando síntomas y secuelas posiblemente derivadas de esta, *La cirugía que más pesa* validará tus experiencias y te guiará en cuanto a los próximos pasos que puedes tomar para atender tu salud con compasión y sentirte mejor.

Si eres un familiar o allegado a alguien que esté sufriendo secuelas de la cirugía bariátrica o que esté considerándola, este libro será un recurso invaluable para apoyar a tu ser querido en su toma de decisiones.

Y si eres profesional de salud, la lectura de *La cirugía que más pesa* es obligatoria para entender, desde la experiencia de personas que se han sometido a la cirugía bariátrica, el daño que causa la cultura de las dietas, el estigma de peso y la gordofobia.

Es un honor y un privilegio ser parte de la historia de Mariana y acompañarla en un proceso que espero sea sanador y respetuoso, desde los enfoques de Salud en todas las tallas y alimentación intuitiva».

Dra. Haica Rosenfeld – Psicóloga Clínica, especialista en Trastornos de la Conducta Alimentaria, Salud en todas las

tallas, alimentación intuitiva, enfoques anti-dieta y peso-inclusivos (Estados Unidos)

«¡Otro libro sin talla! Mariana nos habla de manera genuina, aterrizada y humanizante acerca de la cirugía bariátrica, brindándonos un abordaje bio-psico-social que en definitiva genera reflexión y promueve al cambio, dándole voz a un tema totalmente silenciado».

Melissa Mata — Psicóloga especializada en TREC y Terapia Cognitivo Conductual (Costa Rica)

«¿Cuánto pesa el valor que nos damos?

La cirugía que más pesa es un testimonio vivo de una mujer extraordinaria y generosa, que comparte con nosotros su experiencia después de una cirugía que cambió su vida para siempre.

Mariana den Hollander comunica desde el alma los altibajos que en su salud física, mental y emocional se presentaron a partir de un procedimiento bariátrico, así como los valiosos testimonios de aquellas personas que al escucharla se atrevieron a alzar la voz y platicar acerca de sus propias secuelas.

Este libro es un espacio abierto a la reflexión que nos lleva a reconsiderar el valor que nos damos como personas, en donde la autora propone, a manera de cálido consejo, una mejor opción hacia el camino de la autoaceptación, el amor propio y la reconciliación con nuestra alimentación y nuestro cuerpo».

Rosario Espino — **Nutrióloga** especialista en **Alimentación consciente** y experta en psiconutrición **(México)**

Índice

Prólogo

Introducción

Capítulo 1: Nunca quise ser un testimonio

Capítulo 2: Antes de la cirugía
- El peso de mi cuerpo antes de la cirugía
- Mi peso mental y emocional antes de la cirugía

Capítulo 3: Manga gástrica para adelgazar, bypass gástrico para corregir
- Manga gástrica
- Bypass gástrico

Capítulo 4: El fantasma impredecible: la desnutrición

Capítulo 5: Secuelas

Capítulo 6: Los doctores y la falta de información
- Mi cirujano
- La falta de investigación bariátrica

Capítulo 7: Mi propuesta
- Salud en todas las tallas
- El ejercicio y el movimiento placentero
- Terapia alineada con Salud en todas las tallas
- Qué haría yo
  - Alimentación intuitiva
  - Terapia especializada en trastornos de la conducta alimentaria
  - El movimiento

Capítulo 8: Mi proceso emocional
- Instagram revolucionario
- Perdonar mi cirugía

Capítulo 9: Otros testimonios

Capítulo 10: Cuidados de por vida

Capítulo 11: Tu directorio
- Libros
- Cuentas de Instagram

Prólogo

La cultura de las dietas es ese sistema de creencias que nos ha llevado a asumir como verdad absoluta que existe una forma correcta (y una incorrecta) de tener un cuerpo. Los mensajes de este discurso son claros: todos los cuerpos están destinados a ser delgados, los cuerpos gordos son entonces inadecuados, son cuerpos en transición que deberían disciplinarse para acceder a esa delgadez señalada como un imperativo social y moral. Bajo esta narrativa se nos ha condicionado a pensar que todxs nosotrxs tenemos la capacidad de manipular y controlar el tamaño de nuestro cuerpo y que, además, tenemos la obligación de perseguir la delgadez de forma constante, a toda costa y por todos los medios posibles.

La narrativa dominante que se desprende del modelo médico hegemónico centrado en peso, ha llevado también a que colectivamente asumamos que la gordura es un sinónimo inequívoco de enfermedad, de tal forma que estos cuerpos, constantemente patologizados, se han señalado como "un problema a resolver" en nombre de la salud.

Este mensaje patologizante y estigmatizante de los cuerpos ha contribuido a perpetuar una gordofobia normalizada y socialmente aceptada que ha hecho que las personas estén dispuestas a arriesgarlo todo con tal de adelgazar. Este gordo odio ha sido también reforzado de forma constante por una industria multimillonaria, la industria de las dietas, que lucra vendiendo "soluciones" a esos cuerpos que se asumen como inadecuados o desperfectos.

La gordofobia, el miedo a engordar, el temor a enfermar y el deseo de acceder a los privilegios que la delgadez otorga han llevado al individuo a efectuar e implementar todo tipo de prácticas riesgosas que atentan contra la salud "en nombre de la salud". Una de estas prácticas, la más drástica, radical e invasiva, y la que más atenta contra la salud y la vida del individuo, es también la que cada vez se promueve, populariza y normaliza más: la cirugía bariátrica.

El discurso patologizante de los cuerpos gordos y la amenaza constante de una enfermedad futura inminente es lo que llevó a Mariana en el 2009 a someterse a una de estas cirugías. Nadie en ese momento tuvo la cautela de explicarle lo que esto implicaba y las repercusiones que esta tendría en su vida futura y en esa salud que paradójicamente buscaba con la intervención quirúrgica. Nadie le habló de las probables secuelas, de las batallas que tendría que librar ni del impacto físico, emocional y social que esta maniobra en su cuerpo acarrearía. Nadie le contó que tendría que suplementarse con vitaminas costosas de por vida, nadie le dijo que batallaría con anemias, diarreas constantes, deficiencias nutricionales, afecciones dentales y otra serie de consecuencias. Nadie le mostró el otro lado de la moneda.

Mariana tuvo que ir descubriendo estos efectos secundarios por su cuenta, y tuvo que ir recibiéndolos con una especie de resignación y sorpresa, y con poca (o nula) asesoría acerca de cómo manejarlos. Es ahí donde radica el tremendo valor de este libro: ante un mundo tremendamente gordofóbico, y ante un discurso médico que patologiza de forma categórica los cuerpos gordos, son pocas las personas que se atreven a alzar la voz y a contar la otra versión de la historia. Este libro es un llamado de conciencia, es una sacudida a nuestras creencias y es una herramienta necesaria para que las personas puedan tomar una decisión informada antes de someterse a una intervención irreversible para su cuerpo.

Este libro es valiente, pero también es conmovedor y doloroso. Mariana nos muestra sus más profundas vulnerabilidades y se desnuda ante nosotros para contarnos su historia, para tocar nuestros corazones, para llevarnos a vivir un poco de lo que ha sido para ella este camino del que nadie jamás le habló con claridad. Mariana se convierte con este escrito en la voz que casi nadie escucha antes de una cirugía bariátrica, justo en esa voz que ella hubiera deseado oír en su momento.

Esta es una historia que merece ser escuchada, porque nadie jamás debería tomar una decisión radical e irreversible sobre su cuerpo sin antes conocer todas las posibles consecuencias. Este libro es un invaluable testimonio que nos muestra cuánta salud puede llegar a perderse en nombre de la salud.

Raquel Lobatón
23 de marzo de 2021, Ciudad de México

Nutrióloga anti dieta. Body Trust Provider, HAES, Alimentación Intuitiva, Nutrición Incluyente.

Introducción

Querida y querido lector:

Mi nombre es Mariana den Hollander y soy autora de *El peso que más pesa*. Si no lo has leído, es importante para mí presentarme como ser humano, como mujer y que conozcas un poquito quién soy antes de leer esta parte de mi historia. Creo que me haces un favor al escucharme, ya que soy yo quien necesita de entrada explicarte y probablemente justificarme, que soy una persona que se identifica con el amor, que se identifica con el crecimiento, con la resiliencia, la fuerza y el positivismo. Soy una mujer que crea su realidad, una mujer de empuje, una mujer que ama la alegría, la fiesta, vivir una vida plena y feliz.

Escribo este libro en un momento en el que estoy pasando por una situación de salud compleja que me resulta muy frustrante, una situación que fue provocada por una decisión que tomé hace doce años. Y mi necesidad de contarte primero quién soy es porque quiero dejar en claro que a mí no me gusta quejarme por problemas de salud. De hecho, lo odio. Esta no es mi identidad, pero parte de mi sanación es admitir dónde estoy para aprender a cuidarme y asumir mi salud con más conciencia.

Este libro nació con la comunidad de Instagram, a partir de una historia donde les conté que estaba sufriendo de anemia de nuevo y que desde que me hice la cirugía, es una secuela habitual. Al ver la reacción, la cantidad de preguntas y de comentarios que detonó esa historia, me animé a hacer un video al respecto y nació en mi cuenta una constante conversación con otras personas que se han hecho la cirugía y cuyas historias muchas veces son macabras y llenas de dolor. Y no uso esa palabra a la ligera, ya que la mayoría de estas historias me hicieron pensar que a mí, a pesar de todo, me fue bien.

Este libro nació también de conversaciones que estoy teniendo en Clubhouse (una aplicación en la que me pueden escuchar varias veces a la semana), donde personas en Estados Unidos comparten su historia con la cirugía bariátrica. He deducido que, al parecer, la falta de información sobre las secuelas de esta cirugía a largo plazo son un problema internacional. No solo de Latinoamérica, sino del mundo en general. Sobre todo, noto que no se habla sobre las secuelas emocionales y de lo que verdaderamente significa una "desnutrición controlada" a largo plazo (este es un término que se usa para informar a los pacientes de que sufrirán desnutrición de por vida, pero que con pastillas o suplementos "se cura o controla"). Entre más conversaba con diferentes personas, de repente tuve una reacción casi urgente al decidir que había que escribir un libro ya, para informar-nos. Que la gente que está considerando hacerse una cirugía bariátrica tiene que tener toda esta información a mano, y que la gente que ya se la hizo necesita saber que no está sola y recibir recomendaciones de cómo cuidarse mejor a largo plazo. Entender mejor dónde tenemos que gastar nuestro dinero en el cuidado que necesitamos, y también decirles a las personas que se hicieron la cirugía bariátrica y que están felices con ella que su voz es válida, que no hay juicios y que el respeto y la diversidad de nuestras vivencias y opiniones, en mi espacio, son bienvenidas.

Este libro nace desde una intención de visibilizar nuestras necesidades como pacientes de cirugía bariátrica. Nuestras necesidades como personas que hemos vivido o todavía vivimos en cuerpos gordos y que sufriremos la desnutrición de por vida, así como también secuelas que ni siquiera hoy entendemos muy bien. Atar todos los cabos de mi historial de secuelas bariátricas me ha transformado la vida positivamente, porque al menos ahora sé que no es que estoy sufriendo un montón de males aislados, sino que hay una causa clara de donde provienen todos estos problemas físicos que he tenido en los últimos años. Este libro pretende acompañar, informar, abrazar y crear una comunidad de apoyo y cariño donde juntos podemos entender mejor las consecuencias de estos procedimientos, pero también las razones por las cuales la consideramos como una opción para la pérdida de peso. Aquí unimos nuestras voces en una carta de amor y de aliento.

Y también está escrito para mí, con mucho amor. Como parte de mi terapia y aceptación. Este libro es mi propio camino hacia una recuperación física y mental a través de reconectar conmigo misma y aprender a cuidarme mejor. A escuchar mi cuerpo y aprender qué es lo que yo necesito en este momento.

Lo que más necesito es el acompañamiento de un doctor que me pueda agarrar la mano y explicar cómo cada déficit o cada nutriente que tengo bajo, en mí, Mariana, puede tener un efecto contraproducente o negativo. Y como este doctor todavía no lo encuentro, he decidido que soy yo la que voy a aprender a darme ese cuidado y voy a aprender a leer qué necesito al ver mis exámenes de sangre y sacar algunas deducciones de cómo, más o menos, me puedo sostener a mí misma.

En estos meses, me he convertido en una especie de exploradora para poder entender mejor mi cuerpo, mientras espero a ese doctor que va a poder ayudarme a largo plazo. Por ahora, escribir este libro, buscar respuestas, tratar de informarme lo máximo posible, es mi manera de darme lo que más necesito. En este momento, este es un trabajo de amor para mí misma y para todas las personas que puedan encontrar aquí algún tipo de acompañamiento. No soy doctora ni especialista de la salud. Te recuerdo que antes de escucharme a mí, es más importante escuchar a un doctor. Pero, como la mayoría de los doctores no tienen toda la información completa o no asocian algunas deficiencias a las secuelas de la cirugía bariátrica, mi intención es que sepas a qué prestar atención y qué preguntarle a ese especialista de la salud que consultes.

Escribo este libro siempre enfocada en que sea mi camino hacia una vida más sana. Y donde las secuelas de mi cirugía bariátrica ojalá no me impidan vivir una vida llena de energía, vitalidad y gozo. Estoy segura de que encontraré ese camino y, mientras tanto, como decimos en Costa Rica: ¡que siga la cumbia!

Lenguaje de diversidad corporal y Salud en todas las tallas

Comienzo este libro compartiendo contigo muchos de los términos y prácticas que se usan en el movimiento de liberación corporal. Es un léxico inclusivo y respetuoso con la diversidad corporal. Para mí, ha sido muy importante entender que hay muchas palabras que si las uso pueden detonar estrés o ansiedad en otras personas o hasta en mí misma. Es importante buscar el lenguaje acertado para poder hablar sobre estos temas y ser más amable conmigo y con mi comunidad.

Alimentación intuitiva: La nutrición intuitiva, o comer de forma intuitiva, es cuando escuchas el cuerpo y las señales que te manda. Este tipo de nutrición se basa en el respeto para el cuerpo.

El modelo de nutrición intuitiva fue desarrollado en 1995

por dos dietistas en California, Estados Unidos: Evelyn Tribole y Elyse Resch.

Fuente: https://www.intuitiveeating.org/

Body positive: El movimiento body positive nos dice que ya estamos bien como somos. Amar nuestros cuerpos es más importante que nuestra apariencia. No tenemos que escuchar esta cultura tóxica que nos hace odiarnos a nosotros mismos.

Pero el body positive también puede ser mucho más que luchar contra un día de baja autoestima. Puede cuestionar el capitalismo, desafiar al patriarcado y pedirnos que examinemos si nuestras ideas sobre los cuerpos son gordofóbicas, sexistas, racistas o capacitistas.

Body Positivity no es nada sin sus abuelos "Fat Activist" de todos los géneros. Tampoco es nada sin las mujeres negras y las mujeres que amplificaron el mensaje al comienzo de la tendencia. Las mujeres que escribieron el Manifiesto Gordo dijeron: "Nos comprometemos a perseguir estos objetivos juntos". Si juntos no incluye a las personas gordas y negras que hicieron posible la Positividad Corporal, así como a otros cuerpos marginados, no es Positividad Corporal en absoluto.

Fuente: https://www.bbc.co.uk/bitesize/articles/z2w7dp3

Cultura de las dietas: La cultura de las dietas es un sistema de creencias que premia la delgadez; promueve la pérdida de peso como un medio para alcanzar un estado superior; se centra en diferentes formas de comer, alabando aquellas maneras en las que se está muy atento a lo que se elige, pero alejado de lo que necesita o del placer; oprime a las personas que no encajan con la supuesta imagen de "salud" y perjudica seriamente a las mujeres, personas trans, las personas con cuerpos más grandes, personas de color y personas con discapacidad, dañando tanto su salud mental como física.

Fuente: https://christyharrison.com/blog/what-is-diet-culture

Gordofobia: Miedo intenso o aversión a la grasa, a ser una persona gorda y a los cuerpos gordos. La gordofobia es un tipo de discriminación socialmente aceptada. Nos enseñan a temer y odiar a la grasa y a los cuerpos gordos. Entre más gordo es un cuerpo, más discriminación sufre.

HAES (Salud en todas las tallas): El enfoque Health At Every Size® (HAES®) es una alternativa en continua evolución al enfoque centrado en el peso para tratar a clientes y pacientes de todos los tamaños. También es un movimiento que trabaja para promover la aceptación del tamaño, terminar con la discriminación de peso y aprender de la obsesión cultural con la pérdida de peso y la delgadez. El enfoque HAES promueve la alimentación equilibrada, la actividad física que mejora la vida y el respeto por la diversidad de formas y tamaños corporales.

Fuente: https://www.sizediversityandhealth.org

El sitio oficial de HAES y donde se pueden encontrar muchas fuentes de información para profesionales de la salud y todos nosotros es: https://asdah.org/

Liberación corporal: Definimos la liberación corporal como la libertad de los sistemas sociales y políticos de opresión que designan a ciertos cuerpos como más dignos, saludables y deseables que otros. No creemos que los cuerpos blancos, sanos, cisgénero, delgados o en forma sean superiores, más dignos o inherentemente más saludables que cualquier otro cuerpo.

Fuente: https://www.uvm.edu/health/body-image-and-body-liberation

Movimiento placentero: En mi vida, y creo que en la de muchas personas también, la palabra "ejercicio" tiende a tener una connotación de deber o de pérdida de peso. Por ejemplo, aunque yo me enamoré de correr largas distancias, hay una parte de esta actividad que se convirtió en un deber.

Como si le debiera al mundo salir a correr o como si alguien estuviera tomando nota. Al tratar de reconectarme con el movimiento por salud y por amor a mi cuerpo y a mi mente, trato de eliminar la palabra "ejercicio" de mi vocabulario para quitarle la connotación de pérdida de peso a mi movimiento. El movimiento placentero del día a veces es una caminata lenta con mi pareja, una sesión de yoga leve o limpiar toda mi casa durante las mañanas. Para otras personas puede ser hacer yoga en la cama, en una silla o salir a correr. Movimiento es movimiento, y para el cuerpo y nuestra mente toda actividad es sana y cuenta.

Neutralidad corporal: Tener una perspectiva neutral de tu cuerpo significa alejarte de la idea de que tienes que cultivar el amor por tu cuerpo o hacer un esfuerzo por amarlo todos los días. En cambio, se centra en lo que haces con tu cuerpo y en cómo piensas y sientes.

Fuente: https://www.healthline.com/health/body-neutrality

Privilegio de la delgadez: El privilegio delgado significa que, en virtud de alguna característica de tu cuerpo, en este caso estar por debajo de cierto tamaño, se tiene mayor acceso a los recursos y se enfrenta menos discriminación en la sociedad que las personas sin esa característica.

Las personas con cuerpos más grandes enfrentan una opresión sistemática y constante, no solo la vergüenza del cuerpo por parte de algunos imbéciles individuales, sino una cultura de imbéciles que hace que sea difícil o imposible encontrar ropa y espacios que se ajusten, atención médica que sea efectiva y no discriminatoria, igual acceso al empleo y todos los demás derechos humanos básicos que todos merecemos.

Fuente: https://christyharrison.com/blog/what-is-thin-privilege

Olvidarnos del IMC: El IMC (índice de masa corporal), que se basa en la altura y el peso de una persona, es una medida inexacta del contenido de grasa corporal y no tiene en cuenta, por ejemplo: la masa muscular, la densidad ósea, la composición corporal general y las diferencias raciales y sexuales. El IMC mide la apariencia corporal y no la salud.

Fuente: https://www.medicalnewstoday.com/articles/265215

Evitar las palabras "sobrepeso", "obesidad" y "obesidad mórbida": La palabra "obesidad" es una categoría basada en el IMC, que mide la apariencia física y no la salud. Es decir, estigmatiza los cuerpos que caben dentro de esta categoría, basada en unas medidas obsoletas. Son palabras que se usan en la ciencia y la medicina, pero es incorrecto asumir que las palabras de la ciencia no transmiten también moral y un significado específico. El término "sobrepeso" implica que hay un peso correcto. La palabra "obeso" tiene sus raíces en la idea de comer demasiado. "Mórbido" significa enfermizo. Todos estos son términos médicos, y usarlos transmite que la gordura es un problema médico. Esta patologización de nuestro cuerpo es dañina.

Fuente: https://www.babyschooling.com/learning-center/life-guides/21-things-to-stop-saying-unless-you-hate-fat-people/

Tratar de no mencionar nuestro peso, el de otras personas o números de ningún tipo: Las personas que hemos padecido de desórdenes o trastornos alimenticios podemos sentir un *trigger* cada vez que escuchamos una cifra que pueda detonar en nuestra mente la comparación o pensamientos obsesivos. Por ese motivo se recomienda no mencionar números: calorías, kilos, medidas del cuerpo, etcétera.

Capítulo 1

Nunca quise ser un testimonio

Mi vida cambió el día en que vi la película *Fattitude*. Y ¿cómo es posible que una película pueda cambiar nuestra vida? Muy fácil: ese fue el día en que entendí lo que significa Salud en todas las tallas a un nivel personal. Después de ver esa película junto a mi pareja, Sven, apagamos la computadora, me volví a verlo y le dije: "Amor, yo me hice la cirugía bariátrica por falta de educación en cuanto a mi salud".

Admitir en voz alta esta afirmación se sintió como caer en un precipicio profundo que no tenía fondo. Un precipicio donde me sentía completamente fuera de control, donde todo era desconocido y solitario. Yo, Mariana den Hollander, tomé una decisión que marcó el resto de mi vida por falta de educación.

Tal vez para muchas personas esto no es un gran problema, pero parte de mi identidad como ser humano es que soy una mujer inteligente e informada. Una de esas identidades que uno se crea sobre sí mismo. Y admitir que no estaba bien informada sobre lo que significa la salud me hizo sentirme completamente perdida dentro de mi propia historia. Perdida con mi cuerpo, mi peso, mi alimentación y el verdadero significado de la salud.

Verás, yo nunca quise ser un testimonio de la cirugía bariátrica. Yo nunca quise estar en esta posición de contar mi historia y de sentirme víctima de una cirugía o del sistema, pero aquí estoy. Creo que una gran razón por la cual yo no he querido ser víctima o aceptar las secuelas de mi cirugía bariátrica realizada en el 2009 es que hay una parte de mí que siempre se ha sentido culpable por haber tomado la "ruta fácil" hacia la delgadez. Y esa culpa ha hecho que siempre trate de no quejarme, y muchas veces en que he pensado: "¿Será que tengo que ir a chequearme este dolor o esta molestia?", inmediatamente me respondo: "No, no causes problemas, Mariana. Ya está, ya está".

Y eso, querido lector o lectora, me ha costado muy caro. Por ejemplo, al año de haberme hecho la cirugía me dio una pancreatitis; fue ahí que descubrí que cuando la gente pierde peso muy rápido, puede crear piedras en la vesícula. En mi caso, casi pierdo la vida. Fue una situación extrema que quise prácticamente borrar de mi mente, y se trató de la primera secuela de mi cirugía bariátrica. Y todos estos años después, cuando hablo con personas sobre mi proceso, casi siempre se me olvida mencionar que esa fue la primera secuela que tuve y que, además, terminó en una cirugía de mi vesícula. Claramente, no todas las personas reaccionan así, pero recuerdo que mientras pasaba todo ese episodio traté de ser una paciente ideal, no quejarme y asumir lo que estaba pasando, porque al fin y al cabo "yo tomé el camino fácil hacia la delgadez y esta es una de las cosas que tengo que pagar por ello. Y además, era gratis, así que cálmate".

Cuando me refiero a la delgadez, debes saber que siempre estoy hablando de la salud, porque para mí la delgadez era el sinónimo de la buena salud, y es muy importante aclararlo. Me hice la cirugía pensando 99% en mi salud, y ya lo hablaré en más detalle en los siguientes capítulos, pero siempre sentí que de alguna u otra manera tomé un atajo y que por ese atajo había que pagar. No me podía quejar de nada, yo no soy una quejona, yo no causo problemas, mi cuerpo siempre está fuerte y camina hacia delante.

El trauma de la gordura puede ser tan grande, que consideramos hacer lo que sea para alcanzar la delgadez, porque la sociedad nos dice constantemente que eso es lo correcto. Es un trauma causado por la cultura de las dietas y la gordofobia normalizada de esta sociedad que sataniza nuestros cuerpos. Este trauma, nadie más que una persona en un cuerpo gordo sabe lo que se siente, y entre más gordo es un cuerpo, más grande el dolor causado por la discriminación. Este trauma no lo podemos juzgar jamás, ni tampoco condenar las medidas extremas que una persona llega a tomar con tal de no vivir en él.

El episodio que detonó que yo me abriera a hablar sobre la cirugía bariátrica sucedió unos meses después de publicar *El peso que más pesa* y comenzar mi comunidad online en las redes. Empecé a sufrir de fatiga crónica y, una vez más, no tengo respuestas de qué es lo que está pasando con mi cuerpo en este momento. Creo que con toda la nueva información sobre la salud que he aprendido en estos últimos meses, de repente este episodio de fatiga me sorprendió de una manera diferente: por primera vez en mi vida conecté los cabos y entendí que toda esa lista de enfermedades y problemas de salud que he sufrido en los últimos años, están todas ligadas entre sí y son secuelas de la cirugía bariátrica. Lo alucinante no es haber hecho esta conexión, sino que al recibir muchos mensajes en Instagram de personas que me contaban sus síntomas, entendí que esto es lo normal o lo posible para muchas personas. En este momento, no tengo energía ni para escribir. Estoy dictándole a mi celular lo que quiero contarles en este libro, porque la energía no me da para estar escribiendo frente a la computadora todo el tiempo. En este momento, soy víctima de las secuelas de mi cirugía bariátrica y es imposible contar esta historia sin mencionar la parte negativa que tiene en mi vida. Es imposible buscar ayuda adecuada si primero no admito ni asumo por qué estoy así, por qué estoy mal y cómo me tengo que cuidar de por vida. Por 31 años crecí en un cuerpo sumamente sano y lleno de energía, y esa es mi identidad física también. Pero en este momento me toca reconocer dónde estoy y qué es lo que me está pasando para poder buscar ayuda, crecer y darle a mi cuerpo lo que más necesita.

Quiero decir que esta es una historia de amor. Quiero decir que mi vida es una historia de éxito, de lucha, de resiliencia y me veo como una mujer fuerte, luchadora y enamorada de la vida. Agradecida de que en este momento está contando sobre una realidad que tiene que asumir aunque sea triste, aunque sea dura, aunque sea difícil, aunque no sea una matemática exacta, porque ningún cuerpo es un dato. Ningún cuerpo es un porcentaje exacto.

Me cuesta mucho escribir estas palabras, porque sea como sea, claman un tipo de arrepentimiento de haber decidido hacerme esta cirugía. Por otro lado, las experiencias que he ganado debido a esa decisión son incontables. Los puntos de vista que he ganado gracias a este periodo son muchos e, incluso, las experiencias vividas a través de todos estos síntomas y del sentirme mal, también me han dado muchísimas enseñanzas. Esas también son muy valiosas y no puedo decir que preferiría no haberlas vivido, porque ya aquí tocamos un tema en el que realmente nunca tendré respuestas claras. Sin embargo, lo que sí está claro es que mi salud siempre fue mejor y excelente antes de mi cirugía bariátrica y se comprometió completamente unos tres o cuatro años después de haberme hecho la cirugía. Más tarde empeoró, y hasta la fecha, sigue siendo así.

La cirugía que más me pesa es esta de venir a darme cuenta doce años después de que no era necesario atravesar una intervención quirúrgica y todas sus secuelas para poder tener la salud ideal con la que yo soñaba en ese momento. La cirugía que más me pesa es esta cirugía mental de entender catorce años después de publicar *El peso que más pesa* que por falta de educación, a causa de la gordofobia institucionalizada y la cultura de las dietas, hemos aprendido a sentirnos inseguros en nuestros cuerpos y dudar de cada parte de él, y todo para que otros puedan lucrar de nosotros. Nos hacen creer que las inseguridades y "falta de amor" que sentimos son nuestra culpa y no toda esta cultura que lo que nos provoca es dudar de nosotros mismos para comprar un cuerpo nuevo o una cara nueva. La cirugía que más me pesa es cómo en este momento, a mis 43 años, vengo a entender que me puse bajo el bisturí por falta de educación, por falta de información y las consecuencias las he pagado muy caro.

La cirugía que más me pesa es lo que he vivido en los últimos cinco meses desde que publiqué *El peso que más pesa* en su tercera edición (en octubre de 2020) y cuando entendí y asumí por primera vez en doce años que, desde que me hice la cirugía bariátrica, las secuelas a largo plazo que estoy viviendo por esa decisión, han sido como una cirugía mental dolorosa, vergonzante y llena de culpa. En estos meses me ha tocado sentarme conmigo misma para explicarme y entender el peso de esa cirugía.

Capítulo 2

Antes de la cirugía

El peso de mi cuerpo antes de la cirugía

En *El peso que más pesa*, cuento cómo fue mi historia desde niña con la comida, con el peso, con mi cuerpo, antes de hacerme la cirugía bariátrica. Sin embargo, luego de publicar su tercera edición en octubre del 2020 y de estar haciendo terapia, me he dado cuenta de que mi historia con la comida y con el peso comenzó antes de lo que yo pensaba, y tiene muchas más variantes de las que era consciente. Por eso me toca escribir la continuación de *El peso que más pesa* en un libro que vendrá luego de este.

Si no has leído *El peso que más pesa*, te cuento que desde

los once años comencé a vivir la vida con el estigma de tener un peso que los doctores o la sociedad pensaban que no debería estar en mi cuerpo. Todas las personas en cuerpos gordos sabemos cómo es el dolor, la discriminación y la soledad que se siente cuando las personas te miran desde sus pensamientos gordofóbicos, cuando la familia te da consejos que no le pediste, cuando sientes que no eres apta o apto para hacer las cosas bien porque el tamaño de tu cuerpo no es lo que la sociedad dice que debería ser y, al igual que tantas otras personas que han sufrido del estigma de tener un cuerpo gordo, siempre he tenido una relación muy confusa y dolorosa con la comida, con el acto del comer y cómo me alimento.

Mi peso desde los once años fluctuó por diferentes niveles de gordura y pasé por todas las dietas, por efectos yo-yo, por alimentación desordenada, y en mis veinte sufrí de bulimia por siete años. Conociendo muy bien qué tipo de palabras pueden detonar pensamientos obsesivos en nosotros, en este libro no voy a mencionar detalles sobre el número de la balanza, no voy a dar explicaciones sobre calorías, ni cifras relacionadas al peso, porque este es un espacio seguro para las personas que puedan sentirse afectadas al escuchar este tipo de cosas. Cuando me hice la cirugía bariátrica, yo cumplía de sobra con todos los números o indicaciones en cuanto al peso y los porcentajes que me hacían calificar para hacer la cirugía, y ese sí es un dato importante de mencionar.

En *El peso que más pesa* también cuento sobre la gordofobia y la violencia que sufrí al vivir en un cuerpo gordo. Hay muchos más detalles de esa discriminación y hablo honestamente de lo que significa sentir que estás en guerra con tu cuerpo y sentir que nada nunca será suficiente si no adelgazas. Sobre el dolor de sentir que mi cuerpo estaba en contra mío, de querer cambiarlo, de odiarlo, de creerme que no merecía el amor, que no merecía nada bueno hasta que adelgazara, de sentirme asquerosa, no apta para tener sexo y que nunca sería feliz hasta que perdiera mi peso. Todo ese trabajo emocional de entender y aceptar mi cuerpo, de entender la gordofobia, de no tomarla personal – aunque sí era muy personal– es la parte de mi historia que cuento en *El peso que más pesa*.

Lo que es muy importante para este libro es que sepas que yo, aunque sí calificaba para hacerme la cirugía, no tenía ningún problema de salud, ninguna correlación de enfermedad-gordura, absolutamente nada más que una salud perfecta. Incluso, realmente excepcional. Era una mujer fuerte físicamente, con una vitalidad incansable y el único problema que existía con mi cuerpo eran los kilos que la sociedad gordofóbica cataloga como "mortales". Hoy estoy convencida de que no eran más que eso: kilos.

Mi peso mental y emocional antes de la cirugía

¿Cómo una mujer que escribe un libro sobre aceptación corporal y amor por su cuerpo gordo tal como es, termina haciéndose una cirugía bariátrica?

Cuando publiqué *El peso que más pesa* en el 2007, estaba en paz y en una luna de miel con mi cuerpo. Finalmente había entendido que mi felicidad no dependía de los kilos de mi cuerpo y que a pesar de la gordofobia que existía alrededor mío, si yo tenía claro mi valor como ser humano, podía ser feliz y vivir una vida plena. También tenía claro que no iba a hacer una dieta si no podía hacerla en paz. No iba a hacer una dieta si eso significaba que mi mundo se iba a convertir en una pesadilla de estrés y de pensamientos violentos conmigo misma. Eso, en ese entonces, era revolucionario.

Entre el año 2007 y el 2009, mi peso siguió cambiando y poco a poco continuó subiendo. Igualmente, yo seguía viviendo una vida feliz, dando talleres a grupos, hablando sobre el amor a mi cuerpo, sobre la aceptación de mi cuerpo, y tenía muy claro emocionalmente quién era yo como mujer y cuál era mi verdadero valor. Sin embargo, en ese entonces pensaba que por ser gorda estaba enferma. Eso es lo que te enseñan sobre la grasa y sobre la gordura. Entonces, por más aceptación corporal que viviera, en un rincón de mi mente yo pensaba que, tarde o temprano, tenía que perder peso. Vivía con ese estrés de que, tarde o temprano, tenía que suceder, aunque no fuera ya. Siempre me acompañaba este sentimiento de que mi gordura era como un tumor que eventualmente explotaría, como si se tratara de cáncer. Así nos enseñan a ver nuestra gordura, y yo realmente creía que solo por tener un determinado peso estaba enferma o a punto de enfermarme. Que estaba mal, a pesar de que todos mis números eran indicativos de que mi salud era excelente, a pesar de que tenía muchísima vitalidad y podía bailar horas hasta la madrugada en cualquier fiesta.

Cuando me ofrecieron el regalo de la cirugía, yo inmediatamente dije que no porque jamás me iba a someter a una cirugía para perder peso. Ya era feliz. Ya me sentía bien. Ya vivía una vida que me daba un sentimiento de plenitud, una vida alegre y, aunque sí sufría ataques gordofóbicos y notaba cómo la gente observaba mi cuerpo con desaprobación, yo no me lo tomaba personal. Tenía muy claro que esa era *su* enfermedad y que no tenía nada que ver conmigo. No era que no me entristeciera a veces, o que no tuviera momentos de desear la delgadez, pero en el momento en que se me hizo este regalo, "por salud", decidí comenzar a pensar la posibilidad de hacerme la cirugía. La querida amiga que me la ofreció también estaba convencida de que esta sería la manera en que yo podría vivir una vida más sana y feliz. Sus intenciones siempre fueron amorosas, y lo siguen siendo.

Y así fue cómo decidí hacerme esta cirugía en un 99% por salud. Lo vi como la oportunidad para finalmente arreglar mi salud, y ese otro 1% fue una curiosidad de vivir una nueva aventura en un cuerpo delgado, teniendo en claro que esa delgadez, emocionalmente, no me daría ningún extra. Tal vez en cuanto a experiencias de vida, pero no a mi propio valor. A esa voz interna de cómo Mariana se habla a sí misma.

Y es aquí donde quiero hablar sobre la salud emocional que yo ya tenía antes de haberme hecho esta cirugía. Yo estaba convencida de que la delgadez no iba a ser la respuesta a todos mis problemas psicológicos. Tenía muy en claro que la delgadez no me iba a dar felicidad, no me iba a dar más autoaceptación, ni una mejor autoestima. Había entendido que mi valor como ser humano lo definía yo, y no tenía nada que ver con los kilos de mi cuerpo. Entré a ese quirófano con una ventaja emocional muy importante gracias a todo ese trabajo emocional y mental que ayudó a que cuando comencé a adelgazar, ya había perdido el peso que más pesa, ese de mi mente. Estaba muy preparada para observar los grandes cambios en mi entorno social y en cuanto a mi cuerpo.

Esto es algo muy importante que tengo que hacer parte de este libro para contarles a las personas que están pensando en hacerse esta cirugía: estoy convencida de que hay que hacer un trabajo emocional y mental muy profundo antes de someterse a cualquier método de pérdida de mucho peso. Si hay algo que tengo en claro sobre mi camino es que, si estoy en guerra con mi cuerpo, si estoy en guerra con la comida, si estoy en guerra con la sociedad que me maltrata con su gordofobia, si odio mi gordura, cuando adelgazo, todas esas guerras me las traigo a mi nueva realidad física. Todas esas guerras se hacen parte de mi "nueva vida" en un cuerpo delgado. Probablemente, cambien de forma o de narrativa, pero esas mismas guerras, esos mismos infiernos, vienen con una cuando cambiamos de número en la báscula.

También hay un gran shock que yo personalmente no viví gracias al cambio que ya había hecho mentalmente y con mis pensamientos relacionados a la sociedad: es muy impactante y doloroso observar cómo las personas, incluso quienes más quieres en tu vida, comienzan a verte con otro valor. De repente, personas que tal vez nunca te hablaban, se interesan por ti. Primos que no eran tan cercanos, se interesan más por cómo estás, te miran diferente, como si ahora ya fueras una persona digna, y eso puede tener un gran peso emocional en nosotros.

Yo creo que, de muchas formas, haber escrito *El peso que más pesa* y haber pasado por todo ese proceso emocional que viví antes de la cirugía me salvó la vida en muchos niveles, y también permitió que todos esos años viviera muy tranquila con mi peso, aunque fluctuó muchísimo en los primeros años después de la cirugía. Ese trabajo emocional también me ayudó a no tomarme muy en serio todos esos cambios que la sociedad tuvo conmigo. Yo sabía que la sociedad iba a cambiar con respecto a mí desde antes de perder peso. Ya entendía la gordofobia –aunque no existía ese término en aquel momento– desde un lugar de paz, entonces no fue traumático observar cómo personas que amaba profundamente me comenzaron a tratar diferente. Ahora era testigo de sus bromas sobre la gente gorda. Era parte del "club", aunque créanme, no se me pasaba ningún detalle desaper-cibido. Siempre me fijé, por ejemplo, qué miradas o comentarios hacían hombres que me interesaban cuando pasaba una mujer gorda cerca suyo. Siempre lo observé todo. Cuando adelgazas mucho, se vive una nueva realidad social que desenmascara lo peor de muchas personas, y eso tiene un precio en nuestras emociones.

En el 2004 dejé de pesarme en la báscula y no volví a tener noción de cuánto pesaba hasta el 2018. En todos esos años después de perder la mayoría de peso por la manga gástrica, nunca tuve idea de cuánto pesaba y esto me daba mucha salud mental. No tener un registro de mi peso fue uno de los regalos más grandes que me he dado en mi vida adulta, y ya desde hace unos meses estoy volviendo a practicar. Un día Sven me preguntó por qué no habíamos tirado nuestra báscula, y créanme: en el momento que nos deshicimos de esa hermosa y moderna báscula suya, entendí que en ningún hogar mío volvería a entrar una.

Capítulo 3

Manga gástrica para adelgazar, bypass gástrico para corregir

Manga gástrica

El 8 de enero del 2009, mantuve esta llamada con una amiga muy querida que es doctora:

Ella: Mariana, ¿sabes qué es una manga gástrica?

Yo: No.

Ella: Ve, busca en internet qué es y averigua, porque tengo todo listo para que te la hagas gratis.

Yo: Jamás me voy a hacer una cirugía bariátrica y menos un bypass.

Ella: No es un bypass gástrico. Ve, averigua, fíjate la diferencia y me avisas porque te la podemos hacer gratis ya.

Yo: Ok, voy a averiguar, pero no.

Recuerdo esa fecha no porque esta pregunta me cambiara la vida en ese momento, sino porque ese día hubo un terremoto en Costa Rica que sí le cambió la vida a muchas personas y que fue muy traumático para muchos. Y así fue cómo ese día comencé a buscar la forma de decirle que no a mi amiga con bases médicas de por qué no me iba a hacer la cirugía. Me dije a mí misma que era lo mínimo que podía hacer, ya que ella tuvo el detalle de ofrecerme un regalo tan caro.

Como siempre lo he contado, busqué datos en neerlandés, inglés y español que apoyaran mi decisión de decirle que no a mi amiga. Solo vi que la manga gástrica es una cirugía en la que te cortan 80% de tu estómago y lo que queda es un conducto que parece la manga de un brazo. Busqué secuelas a largo plazo y no las encontré. Únicamente te dicen que el estómago vuelve a crecer y puedes volver a ganar el peso, y que tienes que tomar vitaminas por el resto de tu vida. Entonces, pensé: "Sabes que tienes que perder peso por salud, ¿qué tal si esta es una oportunidad para finalmente tener esa salud? Hace cuatro años hubieras dado la teta derecha por la oportunidad de una cirugía como esta, y hoy que ya no la quieres y que no te importa perder peso, está cayendo en tu regazo de forma gratuita. Al menos, vale la pena cuestionarse si hacerse o no esta cirugía".

Y así fue cómo decidí hacerme la cirugía bariátrica "por salud", para mejorar mi vida por creer que la gordura es sinónimo de enfermedad. Y, meramente "por salud", le dije que sí a esta nueva oportunidad. ¿Cómo no? Mi madre y mi abuelo se opusieron. Ambos estaban muy preocupados por los riesgos de la cirugía misma o por las complicaciones que pudiera tener el procedimiento. Por el resto, todos teníamos las mismas bases de información y no había nadie a mi alrededor que tuviera más datos que yo. Todos aplaudimos esta oportunidad.

En febrero del 2009, se llevó a cabo la cirugía de mi manga gástrica. He de decir que la cirugía en sí fue un éxito. Vomité por 24 horas por el medicamento del dolor que me dieron y que no tolero bien, pero me fui del hospital a los cuatro o cinco días. Todo sin problemas, y de hecho, por tener a mi amiga alrededor, la experiencia en el hospital fue hasta amena. El primer mes fue un poco difícil porque estaba muy débil ya que solo puedes tomar líquidos, pero después de ese mes, poco a poco comencé a comer otra vez, y los siguientes doce meses fluyeron sin problemas. Indiscutiblemente, disfruté la pérdida de peso. ¡Algo tan nuevo para mí! Poco a poco, verme en un cuerpo menos grande fue emocionante. ¿Cómo no? De repente podía ir de compras y ponerme ropa de amigas pero, además, en efecto, comencé a ligar más. Y ¿saben qué? ¡Fue sumamente divertido! Como conté antes, el peso que más pesa, el de mis pensamientos sobre mi cuerpo y la gordura, estaba muy liviano para entonces y viví todo ese proceso sanamente.

Catorce meses después de la cirugía, sufrí mi primera secuela. Antes de comenzar a dar detalles de mi salud, quiero contarles un detalle importante: yo tengo una alta resistencia al dolor. Me lo han dicho varios doctores, y yo misma puedo reconocerlo después de tantas experiencias con el dolor. Creo que me ha ayudado en algunos momentos, pero también me ha hecho aguantar muchos síntomas más de lo que debía aguantar. Y en toda mi historia bariátrica, el ser tan resistente al dolor no me ha ayudado a detectar a tiempo problemas complejos que se anunciaron antes de convertirse en casos críticos.

Resulta que cuando los cuerpos pierden peso muy rápido, se pueden crear piedras en la vesícula, y eso fue lo que a mí me sucedió. Pasé muchos dolores de estómago muy raros en los meses previos, y los doctores que me examinaron –que fueron muchos en emergencias–, nunca dieron con las piedras en la vesícula. Cuál fue mi sorpresa cuando un día tuve un ataque de dolor horrible, con espasmos, y fui a urgencias otra vez y me tuvieron que dejar ingresada porque tenía una pancreatitis severa. Me hicieron firmar un documento donde el hospital no se hacía responsable en caso de mi muerte, ya que mi estado era crítico al llegar. Estuve hospitalizada una semana, y al mes me quitaron la vesícula. En el 2011, dos años después de la cirugía, noté que comencé a ganar un poco de peso, y entonces comencé a mantenerme en el tamaño en el que estaba con el ejercicio. Como no tenía una báscula, no sabía cuál era mi peso, pero podía sentir si subía o no por cómo me quedaba la ropa. Mi peso fluctuaba mucho, pero al no conocer el número, realmente nunca lo sabré con exactitud.

El primer problema de desnutrición lo tuve en el 2013, cuatro años después de la cirugía, y fue una anemia crónica. Creo que por la fuerza y vitalidad de mi cuerpo, para el momento en que me di cuenta de que tenía anemia ya era crónica. Fue un episodio sumamente duro: después de la ducha ya me sentía completamente exhausta. Pasaba todo el día en estado vegetal, y cabe también decir que esta fue una etapa muy difícil emocionalmente. Estaba sufriendo un problema familiar sumamente duro, y la anemia misma o entender qué era lo que la había causado nunca fue una prioridad, ya que había otros temas muy dolorosos en mi vida. Además de que nunca se me ocurrió que esa anemia hubiera sido producida por mi cirugía bariátrica. Te recuerdo que todo lo que yo sabía era que tenía que tomar vitaminas. Claro, nunca supe que tenían que ser bariátricas y que muchas veces hay que sumar otros suplementos extra a esas vitaminas.

El siguiente síntoma que puedo recordar, fue cuando al año siguiente descubrieron que tenían que hacerme tres tratamientos de nervios y me tuvieron que quitar una muela. Comencé a sufrir un montón de problemas dentales que nunca en mi vida había tenido. Ambas de mis familias genéticas gozan de dentaduras muy fuertes y sanas, entonces para mí era extraño vivir eso y, sin embargo, nunca se me ocurrió conectar la pérdida de salud dental con mi cirugía, porque ojos que no ven, corazón que no siente. Yo no sabía que eso podía pasar. Admito que hoy, mientras lo escribo, me parece muy obvio y hasta me da vergüenza contarlo: qué tonta yo. Qué falta de educación. Pero hoy entiendo que no es mi culpa, y que por más informada que esté, tampoco puedo esperar saber tanto de salud cuando no es mi campo.

En los siguientes años, entre el 2014 y el 2018, la anemia iba y venía constantemente. Me costó entender que tenía que tomar hierro a diario, porque tampoco entendía que era una secuela a vigilar de por vida. Lo veía como algo que sucedió y que a todas las personas cuando les afecta, es igual. Entre el 2016 y la actualidad, he de decir que poco a poco comencé a cansarme más temprano, a necesitar días enteros de no hacer absolutamente nada, y además tenerlos más y más a menudo. Pero nunca se me había ocurrido conectar todos estos episodios como parte de un mismo problema, y hoy, sabiendo lo que venía a continuación, pues todo tiene más sentido aun.

Aproximadamente en el 2015, comencé a desarrollar una acidez y unas agruras que constantemente me afectaban a la hora de dormir. De verdad que no puedo nombrar un momento exacto en que esta acidez comenzó a comprometer verdaderamente mis costumbres de sueño. Desde la cirugía bariátrica, he estado tomando lansoprazol, que es una medicina que me recetaron de por vida, y aun así, la acidez me afectaba muchísimo. Tenía que dormir con muchas almohadas y, si tomaba un té antes de dormir, al acostarme se me atragantaba mientras dormía y me podía despertar ahogándome en el líquido. (Recién ahora la nutricionista Lorena Torres me ha explicado que los antiácidos, como el lansoprazol, no pueden tomarse por periodos prolongados de tiempo, ya que pueden dañar a largo plazo el tejido del esófago. Esto ningún doctor me lo dijo, y yo continuaba tomándolo). Yo relacionaba esto con que tal vez tenía una hernia hiatal, pero no me iba a chequear por miedo a lo que me pudieran decir. Me daba mucha vergüenza que me dijeran que tal vez la manga gástrica había provocado esas molestias, y prácticamente había adoptado una posición de: "ahora te aguantas, Mariana".

Bypass gástrico

Fue recién cuando conocí a Sven y comencé a ser su pareja, que él me empezó a pedir que por favor fuera al doctor y me revisara todo eso. A él lo despertaba por las noches con mis ataques de acidez, tos y semi-atragantamientos causados por el reflujo. Y no fue hasta finales del 2018, teniendo una conversación con una amiga, que finalmente entendí que me tenía que chequear: ella me contaba que a su nueva pareja ya le había dicho de sus problemas de salud y yo no entendía por qué era necesario decirle eso al chico con el que estaba comenzando a salir. A esto, me respondió que si él iba a tener una relación con ella, tiene que saber cuáles son las partes de su realidad que él tendrá que vivir también. Ahí caí en la cuenta. Entendí que, al estar en una relación estable, también era mi responsabilidad cuidarme por el bien suyo. En una relación, si una persona sufre de salud, la otra se verá afectada de una u otra manera. También ahí entendí que me daba pánico hacerme chequeos. Entendí que había estado huyendo de esos exámenes porque sabía que algo estaba muy mal. Si soy honesta, pensaba que probablemente ya tenía un cáncer gástrico o comienzos de este. Le admití a Sven todos estos miedos, y por supuesto que me apoyó para que comenzara a hacerme exámenes de todo tipo.

Cuando me hicieron la gastroscopia, encontraron que algo estaba mal y comenzaron a hacerme más exámenes. Descubrieron un divertículo de 6 cm (como una bolsita extra) que se había formado y me mandaron al departamento de cirugía a mi petición. La gastroenteróloga prácticamente me dijo que me tendría que aguantar esas molestias de por vida y seguir tomando los mismos medicamentos. Así que obviamente pedí que me transfiriera para tener otra opinión. El nuevo doctor, un cirujano general, me mandó unos exámenes muy extraños, y a principios del 2019 me explicó que tenía que hacer una operación para arreglar varios males. Ese divertículo tan grande probablemente había comenzado a formarse desde antes de mi cirugía bariátrica, pero realmente no podía saberlo a ciencia cierta. También mandó un nuevo examen donde se dio cuenta de que mi esófago tenía 95% de inutilidad, o sea que era prácticamente inservible, y es aquí donde decidió que además tenía que hacer una cirugía con esternón abierto, porque la boca de mi "estómago" estaba más arriba de lo normal. Sin embargo, no estaría seguro de cómo sería esta cirugía hasta presenciar él una gastroscopia especial.

El día de la gastroscopia llegó –el día antes de la cirugía–, y entre el cirujano, el gastroenterólogo y Sven, no pudieron creer lo que encontraron en mi estómago. Lo que el gastroenterólogo creía que era mi estómago, resultó que era el divertículo mismo, y cuando trataron de entrar en mi estómago, el doctor tuvo que hacer malabares con sus manos dirigiendo la sonda e inflándome aire extra para empujar la herramienta. Así fue cómo lograron entender lo que estaba pasando, además de que como mi cirujano estaba presente y dirigía la travesía, pudo ver que mi estómago estaba torcido como una camiseta empapada de agua que se escurre y se ve como un tornado (que luego aprendí que se llamaba *twist* gástrico, aunque tuve que investigarlo por mi cuenta). El gastroenterólogo no podía creer lo que estaban viendo, y dijo que nunca en su vida había presenciado algo así. Fue un procedimiento bastante traumático para Sven y para mí. Había líquidos negros por todos lados y comida mal digerida, aunque llevaba más de ocho horas sin comer. Ambos doctores expresaron su shock y no podían entender cómo yo digería la comida. Gracias a ese procedimiento, el cirujano se sentía muy positivo porque se dio cuenta de que ya no tendrían que abrir mi esternón, sino que podrían hacer toda la cirugía laparoscópicamente.

Mi cirugía se basaba en tres partes: una, quitar esas torsiones del estómago y ponerlo en su lugar. Dos, hacer un bypass gástrico (que es un canal más estrecho de conexión entre el estómago y el intestino delgado, cortando el duodeno –la parte del intestino donde se absorben las vitaminas y minerales–, lo que me dejó menos de un 10% de mi estómago), para abrir una nueva posibilidad de alimentación, ya que el estómago estaba muy comprometido. (Además, el doctor no sabía si podría sacar o no el divertículo, y era necesario prever una ruta de alimento sana en caso de que el divertículo se tuviera que quedar). Y tres, si resultaba posible, quitar el divertículo.

En la cirugía misma pudieron hacer los dos primeros

pasos, pero al tratar de sacar el divertículo, encontraron que este estaba muy pegado al vaso y se reventó una vena. Perdí dos litros y medio de sangre en un minuto, y tuvieron que detener la cirugía ahí. La recuperación al despertar fue horrible, pero pude salir del hospital a los seis días.

La cirugía fue un éxito rotundo en cuanto a la calidad de vida que me dio. Ya no más dormir sentada. Ya podía tomar té y pude sentir cómo mi cuerpo absorbía mejor todo lo que comía. Ya no sufro de acidez, y la calidad de mi vida realmente cambió. Tanto para Sven como para mí, el sueño y la paz dentro del cuarto en las noches mejoró, y no fue hasta que me hicieron esta cirugía, que me di cuenta de cómo había sacrificado mi salud por lo que estaba sufriendo antes de esta. Definitivamente, al mejorar, pude entender lo mal que estuve y lo mucho que esos malestares comprometían mi gozo diario.

Fue recién en el 2021 que tuve respuestas concretas acerca del desastre que había ocurrido con mi estómago. Me senté con mi cirujano y le dije, ya pasado el trauma de la emergencia con la que se me hizo esa cirugía en el 2019, que quería saber la verdad sobre por qué había perdido la motilidad de mi esófago, por qué se me había formado un divertículo y se me hizo ese *twist* gástrico o torsión gástrica, que según aprendí hace poco, es una secuela de las mangas gástricas únicamente. El doctor cree que el divertículo ya se estaba formando antes, pero piensa que el *twist* sí fue una secuela de la misma manga. Un estómago normal no se hubiera deformado así, y al observar los tres problemas juntos, deduce que todo fue una consecuencia de mi manga gástrica. Tampoco descarta que el divertículo pueda haberse formado enteramente después de la manga, como consecuencia de esta. Le pregunté a mi amiga cirujana, y ella me confirmó que no había ningún divertículo cuando me hicieron la manga gástrica, así que las deducciones de mi cirujano son bastante probables.

El bypass gástrico, en mi caso, vino a ser una ayuda a mi cuerpo para poder comer y tener una mejor digestión. Sin embargo, toda esta cirugía y todo este problema que estoy contando es una secuela de la cirugía bariátrica. Está claro que ningún doctor podría haber predicho toda esta complicación, pero son cosas que pueden suceder de forma aislada, o jun-tas. Hay personas que pierden la motilidad del esófago sin tener divertículos ni una torsión gástrica. El doctor también me informó que una de las secuelas posibles después de la cirugía bariátrica son las hernias. Todos estos males que sufrí me eran completamente desconocidos como posibles secuelas de la manga gástrica. Créeme que, si hubiera encontrado una lista con más de tres secuelas (ni hablar de las más de veinte que menciono en el Capítulo 5), jamás me habría operado en el 2009.

El bypass trajo nuevos problemas a mi vida, y nadie me dijo que otro de sus nombres es "procedimiento restrictivo malabsortivo", que significa que lo que busca el procedimiento es que la persona no pueda comer la misma cantidad de alimento ("restrictivo") y no absorba adecuadamente los nutrientes ("malabsortivo"). De hecho, después de realizado el procedimiento, el estómago pasa a llamarse "reservorio gástrico": no puede continuar llamándose "estómago" porque deja de ser y cumplir sus funciones.

¡Qué diferencia habría si a esta cirugía la llamáramos de esta forma en vez de "bypass gástrico"! A mí solo el nombre me da terror. Y esta cirugía en dos años me ha provocado problemas como una desnutrición diferente a la anterior, aunque en mi caso hubiera sido para mejorar mi salud (o más bien para salvarme la vida). Esa cirugía fue un éxito, aunque se tuvo que hacer para arreglar otro problema más grave.

Capítulo 4

El fantasma impredecible: la desnutrición

Cuando me explicaron antes de la cirugía bariátrica que iba a tener que tomar vitaminas de por vida, no me pareció una secuela realmente importante ya que las vitaminas las compramos en cualquier lado y no cuesta nada conseguirlas. Tampoco me dijeron que sería una "desnutrición controlada", que es como muchos doctores lo llaman.

Voy a comenzar este capítulo diciendo que la desnutrición es un fantasma, porque aunque sabes que está, no sabes exactamente dónde. Lo ves de vez en cuando, pero está ahí lo sepas o no. Y esto describe perfectamente a la desnutrición: ningún doctor del planeta puede prever cómo la química de cada cuerpo va a reaccionar cuando se le hacen cambios. La nutrición es química pura y, por ende, la desnutrición es un desbalance químico que afecta a cada cuerpo, a cada ecosistema, de una manera diferente.

A otra persona, por ejemplo, mis índices de hierro en la sangre no le causan los mismos efectos de energía baja que me causó a mí. O también, el desbalance químico relacionado a la desnutrición después del bypass gástrico que me afectó la tiroides. Por primera vez en mi vida, tengo la T4 baja y hace que mi metabolismo esté lento y me haga ganar peso con facilidad. A otras personas, este desbalance químico les puede afectar aún más.

Y comienzo este capítulo con mucha pasión, porque nunca hasta ahora había entendido los problemas severos y desgastantes emocionalmente que vienen relacionados a un desbalance nutricional. Es sobre todo en este tema donde probablemente sufra más. Las cirugías, los tratamientos de nervios o la extracción de muelas para mí no han sido tan traumáticos como pasar días, semanas, meses con fatiga extrema que afectan mi estado de humor, mis reflejos al manejar y mi capacidad para socializar. La paciencia que requiere la desnutrición, en mi opinión, es de lo más difícil que me ha tocado vivir y, aquí querido lector admito con absoluta certeza que si yo hubiera sabido que me iba a pasar esto, *jamás* me habría operado. Perder mi energía, capacidad de gozo y de socialización es para mí como si me quitaran el oxígeno. En momentos así, desearía con todas mis fuerzas volver al 2009 y decirle a la gorda deliciosa y sana que yo era, que ni loca se opere. Que esa cirugía le puede quitar su esencia.

Le he dedicado un capítulo entero a la desnutrición en este libro porque es un tema al que yo personalmente no le di la importancia que tenía. No me eduqué como debía y, más importante, aún no existe la información adecuada para pacientes de cirugía bariátrica a largo plazo. Que no se nos olvide que muchas personas se operan en clínicas privadas donde después de seis meses o un año, se termina el control. ¿Sabe entonces el paciente cómo cuidarse y qué alertas observar con detenimiento por el resto de su vida? En mi experiencia, conociendo casos de personas que se han operado hace más de siete años, la respuesta es en un 99% de los casos un no.

Recientemente, por ejemplo, me enteré de una deficiencia específica del bypass gástrico (que a veces también afecta a los pacientes de manga gástrica): la deficiencia de tiamina o de vitamina B1. ¿Sabías que todos los resultados pueden estar bien y que, sin embargo, podríamos tener una deficiencia de B1? Yo no, y tuve que dar con una página que vende vitaminas bariátricas y publica artículos, para poder enterarme. Esa marca no suministra la vitamina B1, pero sí todas las demás. Al hacer una búsqueda, leí que muchos doctores no saben de esta secuela específica, y lo crítico que puede ser si un paciente la experimenta.

Y el problema específico que tenemos los pacientes bariátricos (me ha tocado aprenderlo sola, haciendo investigación), es que absorbemos menos de todo, aun cuando el estómago vuelve a crecer. Absorberemos menos de todo de por vida porque nos han cortado el órgano que lo absorbe de manera natural, y casi siempre que tenemos un desbalance nutricional es porque ya está en un nivel muy bajo o crónico y significa que hay que tomar medidas extremas para poder ayudar al cuerpo a recuperarse. Puede que sea compensando el hierro u otra vitamina por medio intravenoso, y si no es por este método, entonces hay que esperar un largo tiempo para que el cuerpo recupere su energía normal.

A esto tengo que añadirle que el desgaste emocional y mental que es pasar semanas en un sofá sintiéndome débil, con una neblina mental y falta de ganas para hacer cosas, es una de las posiciones más frustrantes y desgastantes que existen. Nivelar la desnutrición cuando hay déficits es sumamente agotador y requiere de mucha energía. Y no solo hablo de la anemia (aunque a quienes nunca han sufrido de anemia les digo que ese es otro padecimiento que realmente toma tiempo, paciencia y a veces tratamientos intravenosos para poder nivelarla).Y como los doctores no pueden prever cómo va a reaccionar cada cuerpo, significa que cada cuerpo va a necesitar un tratamiento específico y tener un doctor que sepa ayudarnos y adecuarse a nuestras deficiencias específicas. Encontrar a ese doctor o esa doctora es sumamente difícil, y en este momento escribo desde un país que tiene una salud social y médica absolutamente geniales, y así y todo ha sido muy duro poder encontrar aquí a un doctor que me sepa ayudar con todas esas deficiencias. En este momento, mi nutricionista está en México, mi psicóloga en Estados Unidos, mi endocrinóloga en Costa Rica y mis doctores aquí, en Bélgica. Aunque, si soy honesta, estoy en busca de otro doctor o doctora que pueda llevar mi control y ayudarme desde donde sea que esté. ¡Se abre el casting!

¿Qué pasaría si yo en este momento tuviera que trabajar para poder pagar mi renta y poder comer? Afortunadamente, cuento con el apoyo de mi pareja y ahorros por haber trabajado toda mi vida, pero ¿si esto no fuera así? Realmente, no lo sé, pero desde hace dos años no podría estar trabajando a tiempo completo. Sencillamente, no tengo la fuerza física y mental para poder hacerlo, y esta es una señal de cómo la nutrición es tan importante y tan compleja.

Mi endocrinóloga me explicó hace dos años que, hasta la fecha, hay muchos desbalances químicos a nivel celular y hormonal que ni los exámenes de sangre ni la ciencia logran todavía detectar. En este momento de mi vida, profundizar sobre la nutrición, observar mis reacciones cuando hago ciertos cambios y entender sus grandes complejidades, me ha ayudado mucho a buscar cómo mejorar mi nutrición.

Hoy entiendo que, cuando se habla de la desnutrición después de la cirugía bariátrica, se subvalora y no se les explica suficientemente bien a los pacientes lo que eso significa. Por ejemplo, en una reunión que tuve recientemente con el cirujano, él estaba listo para despacharme cuando le pregunté si debía incrementar mi consumo de proteína, y entonces se fijó más detenidamente en mis resultados de sangre (que yo no podía ver), y se dio cuenta de que tenía la proteína muy baja. ¿Por qué no lo vio, y me aseguró que todos mis resultados estaban bien? Pues porque se infravalora la importancia de la química nutricional en el cuerpo. Lo he visto con mi doctor de cabecera, al igual que con doctores especializados.

En el Capítulo 9, comparto historias de otras personas que se han hecho la cirugía bariátrica y allí encontrarás la historia de Artemisa. En su caso, la cirugía bariátrica descontroló completamente su tiroides y, como sabemos, esa es la madre de la química en nuestros cuerpos. Cómo va a reaccionar nuestra tiroides a un desbalance nutricional es una de esas secuelas que ni el doctor ni nadie puede prever antes de hacerte la cirugía.

En mi caso, por ejemplo, que jamás tuve problemas con la presión, desde que me hice la cirugía bajó muchísimo y ahora sufro de presión baja. Es baja hasta el nivel de que afecta mis ritmos diarios y mi energía diaria, pero no es lo suficientemente baja como para que me receten medicamentos. Eso significa que de por vida tendré que vivir con un desbalance de presión baja en mi cuerpo, que los doctores hasta la fecha de hoy no saben explicar ni ayudarme a controlar.

Ha habido varios momentos como el que estoy viviendo ahora, en el que estoy sufriendo de una fatiga crónica, de neblina mental, visión borrosa, dificultad para concentrarme, baja de ánimo, cero libido... y en este momento no sabemos exactamente a qué se debe. Desde hace un mes estoy así, pero en los dos últimos años, me ha pasado varias veces. Puede ser que en diez días el doctor ya me pueda decir qué déficit me está afectando en este momento, o me puede decir lo que más temo: que no tiene respuesta a la pregunta de dónde viene mi fatiga. Eso ya lo he escuchado más veces, y es la frase que más temo seguir escuchando. Lo que estoy entendiendo es que haberme operado significó dictaminarme a vivir de por vida con una desnutrición que no se puede controlar en su totalidad. A veces sabré qué me pasa y, a veces, no.

Creo que, más que las cirugías y las complicaciones críticas que ya he vivido en estos doce años a causa de la cirugía bariátrica, lo que más me afecta es este no saber y estas deficiencias que afectan el día a día. Esas deficiencias químicas que todavía no sé a ciencia cierta qué son, de dónde provienen y cómo es que me afectan a mí personalmente. Este desgaste continuo me hace sentir completamente incapaz de poder hacer algo para ayudarme a mí misma, volver a ser una persona con la vitalidad, con el empuje y con la fuerza que tenía.

Capítulo 5

Secuelas

En este capítulo voy a enumerar todas las secuelas que he sufrido a causa de mis dos cirugías bariátricas, y voy a incluir las secuelas emocionales o psicológicas como parte de ellas. Sería muy irresponsable de mi parte no compartir estas últimas, ya que yo todavía alucino con cómo es posible que se hagan estas cirugías sin explicar sus consecuencias psicológicas también.

Sobre todo, en este capítulo busco preparar a los pacientes y que estén listos para asumir que los doctores no pueden predecir qué secuelas físicas les afectarán, ni cómo o qué tan gravemente.

La médica generalista Candelaria Lopez Gomez ha

revisado este libro, y específicamente este capítulo, para asegurar que las secuelas que menciono y mis deducciones tienen valor médico real. La nutricionista Lorena Torres (especializada en hipotiroidismo y salud intestinal, y que tuvo experiencia de dos años dentro del mundo médico bariátrico) ha revisado también esta lista y añadido secuelas.

1) Piedras en la vesícula por la pérdida rápida de peso

Las piedras en la vesícula (que pueden detonar una pancreatitis, como me ocurrió a mí) son una secuela del descenso rápido de peso. Realmente todas las personas que están en un proceso de pérdida de mucho peso en muy poco tiempo, deberían chequearse la vesícula cada seis meses, sobre todo si comienzan a tener dolores abdominales extraños. No es una secuela directa de la cirugía bariátrica, pero en mi caso fue a causa de la cirugía que perdí peso tan rápido.

Por otro lado, es importante recalcar que quienes no tienen vesícula no deben hacerse estas cirugías, algo que yo no sabía cuando me hicieron el bypass.

2) Anemia

La anemia es una secuela que comencé a tener cuatro años después de la cirugía y que sí está 100% relacionada con la desnutrición que se prevé después de una cirugía bariátrica, ya que el hierro se absorbe en el duodeno (y por eso es de las secuelas más frecuentes).

Antes de la intervención, jamás había tenido anemia ni nada que se pareciera a una deficiencia de nutrientes en mi sangre, así que puedo asegurar con absoluta certeza que cualquier señal de desnutrición después de la cirugía bariátrica, en mi caso, está relacionada con ella. El problema con la anemia es que viene y va, y dependiendo de la persona, eso significa que necesitas tomar suplementos nutricionales bariátricos por el resto de tu vida y de manera constante. A veces será solo de manera aleatoria, pero aconsejo a cualquier persona tener mucho cuidado con los niveles de hierro en la sangre y observar si comienzan a bajar poco a poco. La prevención de la anemia es vital, ya que cuando el hierro realmente baja y empieza a causar problemas, toma mucho tiempo poder mejorarlo. Y el cansancio y lo mal que te puedes llegar a sentir es realmente una tortura.

3) Deterioro en la salud dental

Siempre he gozado de una salud dental bastante buena, y en

mi familia de ambos lados las dentaduras tienden a ser muy sanas. Además de que mi mamá y mi papá siempre cuidaron mi salud dental con mucho cuidado. A partir del 2014, cinco años después de mi cirugía, comencé a tener serios problemas con mi dentadura, algo que le pasa a muchísimos pacientes de cirugía bariátrica ya que los cambios hormonales producen modificaciones en el pH de la saliva y esto provoca más riesgo de generar caries, inflamación y sangrado de encías.

En un año me tuvieron que hacer tres tratamientos de nervio, quitarme una muela y comencé a notar que las encías se me empezaron a bajar. También, mi dentadura se hizo un poco más delgada, como si la fisonomía sencillamente cambiara, y esta es una secuela normal entre pacientes bariátricos.

4) Divertículo

A finales del 2018, después de hacerme unos exámenes, me di cuenta de que tenía un divertículo de 6 cm en el estómago, que es como una bolsita extra donde también se pueden quedar residuos de comida y que puede generar infecciones (diverticulitis). Esta no es tan común como otras de las secuelas, pero es una posibilidad.

5) *Twist* o torsión gástrica

Existe una posible secuela llamada *twist* gástrico que solo la encontré al realizar una búsqueda muy minuciosa en Google (cuando el cirujano lo descubrió, no me dijo que tenía un nombre). El estómago se tuerce y parece una camiseta mojada cuando se escurre, y puede ocurrir cuando la presión en el estómago incrementa y la comida no pasa con facilidad hacia el intestino. ¿Por qué nunca supe de esa secuela? Es una complicación 100% de la manga y ni siquiera pude encontrarla con facilidad. Otro dato que me dio el cirujano es que los *twists* gástricos son difíciles de ver en radiografías y ultrasonidos. A veces, solo se pueden ver en una gastroscopia muy detallada. En mi caso, los gastroenterólogos nunca dieron con el *twist* gástrico, porque paraban el procedimiento al llegar al divertículo. Lo que quiero decir es que es importante pedirle al gastroenterólogo que busque y entre dentro de tu manga para verificar que todo esté bien.

6) Pérdida de motilidad del esófago

En mi búsqueda de respuestas, también encontré que existe la secuela de perder la motilidad del esófago. En mi caso, perdí 95% del uso de mi esófago y vino acompañado de las dos complicaciones anteriores, pero puede suceder sin que las otras dos cosas ocurran. Lo mismo pasa con el *twist* gástrico: se puede dar sin que existan las otras dos complicaciones.

Esta pérdida puede deberse tambíen a un estrechamiento o como consecuencia de haber tomado de forma prolongada antiácidos (como el lansoprazol en mi caso), y eso lo he descubierto recientemente.

7) Acidez y reflujo

Desde el 2014 comencé a desarrollar una acidez, reflujo y agrura constante. Fue creciendo a medida que iban pasando los meses y años, hasta el nivel que llegué a dormir sentada, porque no podía soportar el ardor e incomodidad de la acidez. A pesar de que tomaba antiácidos desde el primer día de la cirugía, este problema se fue agudizando, porque nadie me había advertido lo peligroso que era su uso prolongado. Esta también es una de las secuelas más recurrentes en los pacientes bariátricos y por eso tienes que observar muy detenidamente si sientes que tu acidez o reflujo comienzan a ser extremos: el reflujo daña el recubrimiento del esófago por no tolerar el pH ácido de los jugos gástricos.

8) Presión baja

La presión baja comenzó a afectarme desde el primer año que me hicieron la manga gástrica, y es un problema, porque es lo suficientemente baja como para causar bajones de energía y que me sienta mal durante el día, pero no es lo suficientemente baja como para que me receten medicamentos. Entonces, es algo con lo que sencillamente tengo que aprender a vivir y tratar de sobrellevar lo mejor que puedo.

La nutricionista Lorena Torres me ha informado que es conveniente chequear la vitamina K ya que se produce en el intestino a través de las bacterias de nuestra microbiota que participa en la coagulación de sangre. También podría deberse al síndrome de Dumping.

9) Desgaste emocional y mental

El desgaste mental, emocional y psicológico de las secuelas de la cirugía bariátrica tienen que ir incluidos dentro de este capítulo ya que son problemas con los que la mayoría de las personas se van a enfrentar. Y esto ocurre igual por las secuelas físicas o porque es una secuela psicológica a raíz de la pérdida de peso y del cambio que eso conlleva. De hecho, el intestino está conectado al cerebro, y el 90% de la serotonina se produce allí. Al estar el intestino inflamado o estresado, se produce menos serotonina y esto afecta directamente el estado de ánimo, las emociones, la cognición y el descanso, entre otros.

Es importante mencionarlo, porque es muy factible que necesites ayuda profesional psicológica para sobrellevar las muchas molestias que es probable que sufras a raíz de la cirugía bariátrica. No debemos pensar que el desgaste emocional y mental es algo pequeño, porque por ejemplo, una cosa es tener un episodio de tristeza de unos meses, y otra muy diferente es que por secuelas físicas necesitemos ayuda para poder sobrellevar mentalmente todo lo que estamos viviendo de por vida. Específicamente me refiero a, por ejemplo, estar en un periodo donde los doctores no saben por qué estoy sufriendo fatiga crónica y tengo que sobrellevarlo de alguna manera. O tener que pasar por todo el periodo de una segunda operación de algún tipo como secuela de la cirugía bariátrica y necesitar apoyo psicológico para poder sobrellevar el peso emocional que significa una cirugía más en mi vida.

Como parte de las secuelas que afectan nuestra salud mental quiero mencionar la culpa, la vergüenza y la presión social. Casi nunca se habla de las secuelas a nivel mental o emocional que las cirugías, los cambios físicos o procedimientos médicos pueden provocar en nosotros. Los considero tan importantes como las secuelas físicas y hoy, en el 2021, más que nunca, entiendo la importancia de crear un documento que informe sobre el tipo de secuelas emocionales o psicológicas que se pueden tener a largo plazo.

Cuánto hubiera deseado yo poder leer sobre la experiencia de alguien que me hubiera podido dar una idea de qué tipo de trabajo emocional tenía que hacer con algún terapeuta antes de hacerme la cirugía, o inmediatamente después de hacerla. Porque, además, nunca me cansaré de decirlo: al perder peso en gran cantidad sí es cierto que la vida cambia y se viven muchas cosas bonitas relacionadas al nuevo privilegio de la delgadez, pero también es cierto que nos empiezan a atacar otro tipo de pensamientos relacionados al cuerpo y al peso que, si no los trabajamos con un especialista, nos pueden volver a obsesionar e incluso a enfermar con algún tipo de trastorno de la conducta alimentaria. Si ya traemos un pasado de trastorno alimenticio es posible que, a largo plazo, este se intensifique después de una cirugía bariátrica.

10) Sentimientos de culpa

Quiero nombrar la culpa como parte de los síntomas o secuelas de una cirugía bariátrica porque hay diferentes momentos en donde uno puede llegar a sentir que habernos hecho la cirugía fue tomar "el camino fácil" para perder peso. Mucha gente lo cree así, y yo no fui la excepción. La culpa es una enemiga de nuestra salud mental y es necesario incluirla como parte de las cosas que podemos experimentar.

11) Sentimientos de vergüenza

Acompañada de esa culpa, viene la vergüenza. Esa de pensar que no has sido capaz de adelgazar con una dieta y ejercicios. De hecho, hay muchas personas que ocultan que se hicieron una cirugía bariátrica. También se puede sentir vergüenza con otras personas en cuerpos gordos que te pueden juzgar o incluso sentirse decepcionados de ti por haber tomado esa "decisión fácil".

12) Presión por no engordar

La presión por no engordar cuando te haces una cirugía bariátrica es extrema. No solo porque ya traes la vergüenza y la culpa de haber tomado la "ruta fácil", sino que además le tienes que demostrar al mundo que al menos eres lo suficientemente capaz y fuerte para poder mantener este nuevo peso. No puedo expresar lo suficiente cuánto atenta contra nuestra salud mental esta presión a la hora de adelgazar. Esta se convierte en una gran necesidad de probar y de ser la excepción y la persona que permaneció delgada o "sana" de por vida.

Las personas que vuelven a ganar peso pasan por una vergüenza y culpa que son extremas. Una vez más, sentimos que fracasamos, sentimos que estamos mal, que somos incorrectos, que no somos seres humanos confiables porque no pudimos mantener nuestra pérdida de peso.

Hay una probabilidad de entre el 30% y el 50% de los casos (e, incluso, según algunos estudios, del 80%) de que se vuelva a ganar el peso perdido por una cirugía bariátrica, y es importante nombrar esta secuela y esta posibilidad. Si yo ya vivo en un cuerpo gordo del que me siento avergonzada, del que huyo, un cuerpo que no quiero, si la gordura me causa estrés y dolor, me siento en una prisión; y si me expongo a una cirugía y vuelvo a ganar el peso, el sentimiento negativo, la soledad y la tristeza van a ser mucho peores. Es importante que sepamos a qué tipo de secuela mental o emocional podemos exponernos al decidir hacer o no una cirugía bariátrica.

13) Colesterol alto

En mi caso, por primera vez en mi vida tengo colesterol alto. Solo por dos puntos, y probablemente se deba a mi falta de vesícula o al desbalance de la tiroides. Por suerte, tengo el colesterol "bueno" súper alto y no es un problema. Pero lo menciono porque mucha gente se hace la cirugía bariátrica para deshacerse de problemas de la salud como el alto colesterol, altos triglicéridos y otras condiciones que pueden desaparecer por un tiempo, pero que suelen reaparecer años después.

Según la nutricionista Lorena Torres, no es cierto que al hacerte una cirugía bariátrica se "curan" la presión alta, el alto colesterol, los altos triglicéridos o la diabetes. Sobre todo, si existe un patrón genético. Algunas veces, mejora la sensibilidad a la insulina y da la sensación de tener los niveles de glucosa en sangre bajo control, pero eso no equivale a "curar" la diabetes, es un mito.

14) Subida de peso

Aproximadamente, entre el 30 y el 50% de las personas que se hacen una cirugía bariátrica suben de peso. Dependiendo del país, esta cifra puede subir, en algunos casos, hasta el 80%. Yo sabía que esta era una de las secuelas o de las posibilidades de hacerme la cirugía. Después de dos años comencé a notar que ya estaba ganando peso, y desde entonces me mantuve haciendo ejercicio, pero no siempre se logra ese control y no es nuestra culpa si esto llega a pasar.

Nuestros hábitos en el consumo de alimentos no cambian por habernos cortado el estómago. Por eso es importante revisar nuestra relación con la comida y/o posibles trastornos alimenticios antes de decidir operarse.

15) Gastos económicos

Es realmente importante poner como secuela los grandes gastos económicos que se pueden llegar a tener de por vida, dependiendo del país en el que vivas y dependiendo de las instituciones médicas estatales. Es probable que tengas que pagar especialistas privados de por vida para que te ayuden a sobrellevar las secuelas de la cirugía bariátrica. Así como también vas a tener que pagar medicinas que son muy caras, vitaminas y suplementos alimenticios bariátricos.

16) Bajos niveles de proteína

Con la manga gástrica ya tenía una desnutrición general, y ahora con el bypass se ha intensificado. Los niveles de proteína pueden bajar y, como he aprendido últimamente, estas son gran parte del motor de energía. La baja proteína produce cansancio extremo y que nuestro cuerpo intente obtener la proteína a partir de nuestra masa muscular, ocasionando una importante pérdida de dicha masa muscular.

17) Hormona T4 baja (metabolismo lento)

Desde que me hicieron el bypass gástrico, tengo la T4 baja. La ironía de la vida: la cirugía para adelgazar limita tu capacidad de metabolizar. Lo cierto es que en los últimos dos años he notado la facilidad con la que gano peso, y ahora me pregunto si eso también afecta mi capacidad de hacer ejercicio aeróbico como caminar rápido. Ya ni siquiera pienso en correr, porque es completamente imposible en este momento. Espero encontrar estas respuestas pronto. Extraño mucho el estar más activa físicamente.

18) Diarrea - Estreñimiento - Flatulencia severa

Desde mi bypass gástrico en marzo del 2018 estoy sufriendo de incomodidades o problemas gastrointestinales que nunca antes había tenido en mi vida. El doctor ya me confirmó que estos tres problemas son típicos del bypass gástrico y que pueden ser constantes y de por vida.

Siempre –aun con la manga– he tenido una salud intestinal bastante sana, y tengo una tolerancia alta para el dolor, pero desde que me hice el bypass gástrico sufro de constantes molestias que son muy dolorosas e incómodas. He sufrido un gran incremento de gases o flatulencia que a veces ha sido realmente horrible. También tengo episodios constantes de diarrea o de estreñimiento, que es algo que nunca había vivido hasta ahora. Se me hincha bastante el vientre y se nota mucho hasta en la ropa. Y hablo de una inflamación que va más allá de la hinchazón normal que tienen los cuerpos todos los días según cómo nos levantamos en la mañana.

Una explicación posible es el cambio en la microbiota intestinal, que desarrollo en el siguiente punto.

19) Problemas alimentarios por el desbalance de la microbiota

Mientras escribo este libro, estoy descubriendo cómo ambas cirugías bariátricas afectan la salud del intestino al invadir la microbiota y el balance químico del sistema digestivo. En mi caso, y hasta el día en que estoy escribiendo y editando este libro, todavía no me he reunido con Lorena Torres, pero ya tuvimos un Live en Instagram donde me quedó claro que habrá ciertas comidas que tendré que restringir para evitar todos estos problemas gastrointestinales. Lorena también cree que mi fatiga y cambio de ánimo pueden estar muy vinculados a la microbiota, ya que una porción altísima de la dopamina y serotonina del cuerpo se producen en el intestino. ¿Qué significa esto para mí? Que probablemente haya comidas que de alguna u otra manera tendré prohibidas de por vida. El estrés y la presión mental que esta idea me causa, será algo que tendré que trabajar con mi psicóloga. Informaré más sobre esta secuela en mis redes a medida que mis sesiones con Lorena vayan avanzando.

También, aquí en Bélgica ya me mandaron a visitar a un gastroenterólogo especializado en alteraciones de la microbiota, porque creen que he desarrollado el Síndrome de Intestino Irritable. Hasta que no vaya a ese doctor no tendré respuestas concretas sobre esta nueva posibilidad. Por el momento, estos son los únicos datos que puedo dar de esta secuela ya que apenas he comenzado a entenderla.

20) Falta de energía desde el bypass gástrico

Desde que me hice el bypass gástrico he estado experimentando niveles más profundos de falta de energía. Como ya te comenté, no he vuelto a hacer movimiento como correr o andar en patines, porque sencillamente no puedo. Lo peor de este bypass gástrico es esa falta de energía para todo que afecta profundamente mi vida social y mi personalidad, porque no puedo entregarme a los demás como lo hacía antes. Además de que, hasta la fecha, no sabemos a ciencia cierta de dónde proviene exactamente esta secuela, y es probable que se trate de la sumatoria de todas las deficiencias y desbalances nutricionales que sufro, sumado al estrés que esto me provoca.

Otras secuelas

En cuanto comencé a compartir con la comunidad de Instagram estos temas, me llegaron decenas de mensajes con testimonios de personas que se han hecho la cirugía bariátrica.

Algunas de las secuelas que más se repiten en esos testimonios (aunque de momento yo no las he sufrido) son:

- Intolerancia al gluten
- Intolerancia a la proteína
- Desbalances en los niveles de glucemia
- Desbalances de tiroides severos
- Impedimento para hacer ejercicio por completo
- Hernias
- Pérdida de masa muscular
- Depresión
- Aumento en la incidencia de dependencia o adicción al alcohol
- Dismorfia corporal
- Desarrollo o intensificación de trastornos de la conducta alimentaria (TCA)

- Deficiencias de calcio y mayor riesgo a desarrollar osteopenia u osteoporosis
- Muerte, debido no solo a las complicaciones de la cirugía en sí y sus secuelas, sino también por la presión de cumplir los estándares de belleza (el índice de mortalidad informado es del 1%)

Capítulo 6

Los doctores y la falta de información

Quiero dejar en claro que yo amo la profesión médica. Amo los hospitales, amo el trabajo en el campo de la medicina, la tecnología alrededor de la salud, amo a las enfermeras y los enfermeros, siento que la enfermería es una de las profesiones más nobles e importantes de nuestra sociedad; y este capítulo quiere ilustrar e informar sobre un fenómeno que he observado como paciente bariátrica.

Quiero agradecer profundamente a todos los doctores que han estado en mi vida porque sé que absolutamente cada uno de ellas y ellos, han hecho lo mejor que han podido con las herramientas que tienen en sus manos, y sé que siempre tuvieron mi interés personal como su mayor prioridad, a pesar de sus limitaciones personales. Así como también quiero dejar muy en claro que la amiga que me ofreció la manga gástrica como un regalo es una persona que me ha amado desde que tengo doce años y que sé que cuando me la ofreció estaba convencida, igual que yo, de que la manga gástrica era la forma más amorosa, efectiva y prudente para alcanzar una mejor salud y una óptima calidad de vida. Es muy importante que ustedes sepan que de corazón amo a los doctores y que cuando he sido ingresada en los hospitales y me ha tocado pasar temporadas en un hospital, alucino con la energía de querer curar que hay allí. Yo creo que es el lugar más poderoso energéticamente que existe, donde hay miles de personas enfocadas en mejorar la vida de las personas.

Yo, personalmente, he vivido rodeada de doctores. Mi abuelo materno es gastroenterólogo y siempre hubo a mi alrededor conversaciones acerca de la salud y sobre estudios médicos y, sin embargo, también gracias a ello he aprendido que los doctores son personas igual que nosotros. Personas que aprenden a cuidarnos gracias a sus estudios. Aprenden a tratar nuestros males pero, sobre todo, también son personas con problemas emocionales, con problemas familiares, personas que pueden desarrollar obsesión por la imagen, que pueden tener enfermedades, que pueden tener prejuicios raciales, de clase social, xenofobia, homofobia y corporales, déficits atencionales, personas que pueden ser adictas y tener una salud emocional nula.

Igual que nosotros, los doctores y las doctoras son personas, y también se equivocan.

Lo que sí es cierto es que en su profesión, la presión y el precio que pueden pagar por un error, es mucho más alta de lo que nosotros nos podamos imaginar. Muchas veces están sobrecargados con trabajo y operan a niveles de estrés muy altos. Menciono esto porque es importante encontrar un balance entre respetar y escuchar sus consejos profesionales, pero sin ponerlos en un pedestal o como si tuvieran una varita mágica que lo resuelve todo.

Entonces, viviendo en un mundo donde la gordofobia es enseñada desde que vemos caricaturas de niños, ¿cómo no van a existir doctores y doctoras que también tienen prejuicios sobre la gordura? Que tienen pensamientos negativos sobre las personas gordas. Es lógico que ellos también sufran de gordofobia, y esto es muy importante mencionarlo, porque hay muchos doctores que son altamente gordofóbicos y que cuando uno va a su consulta, ven nuestra pérdida de peso como la única cosa que hay que realizar para poder curarnos.

Por ejemplo, una oftalmóloga se atrevió a decirle a una amiga mía en una consulta a la que iba para renovar sus lentes, que debería bajar de peso. Cuando esta amiga le preguntó cómo su peso afectaba a su vista, la oftalmóloga no tuvo respuesta. ¿Por qué le tiene que sugerir eso a una paciente, si está ahí para hablar de sus ojos? Por gordofobia, y eso es violencia.

La cirugía bariátrica, que es un procedimiento relativamente nuevo, no ha sido lo suficientemente documentada a largo plazo y esta es una realidad no solo en Latinoamérica, sino también en Europa y Estados Unidos. Eso significa que los doctores –o muchos de ellos– tampoco tienen acceso a una lista completa de todas las secuelas que un paciente pueda desarrollar. Y esto es importante, porque entonces cuando pido ayuda médica por problemas relacionados a la cirugía bariátrica es muy probable que mi doctor no tenga todas las herramientas para saber inmediatamente qué exámenes mandarme o cómo ayudarme. Hablo desde mi propia experiencia porque me ha pasado repetidas veces con todos mis doctores. ¿Cómo se van a informar si la información es limitada? No hay suficientes estudios, y va a costar mucho que un doctor te diga: "no tengo la educación necesaria para ayudarte con esta secuela".

En el mes de febrero del 2021, dos doctores en quien confío cuestionaron mi crisis de fatiga crónica preguntándome cómo es posible que estuviera padeciendo de fatiga si yo me alimento muy bien y tomo vitaminas bariátricas. La respuesta es que ellos tampoco saben que uno de los efectos de la cirugía bariátrica a largo plazo es una desnutrición que no tiene necesariamente una explicación directa con lo que el paciente come o los suplementos que toma, sino que hay que ir mucho más profundo para averiguar qué es lo que está pasando. Me tocó a mí informarles a ambos, y no porque yo sea una iluminada, sino porque mis padecimientos y mi falta de respuestas me ha llevado a buscar información muy específica en tres idiomas. Estoy encima del tema. Y, por ejemplo, mi doctor de cabecera me mandó exámenes de sangre, pero resulta que no me mandó los exámenes completos que hay que hacerle a un paciente de la cirugía bariátrica, y estamos hablando de que es un doctor de Bélgica con mucha experiencia, y sin embargo, no tiene ese conocimiento específico.

No fue hasta marzo del 2021, cuando este libro ya estaba en edición (y agregué este párrafo en uno de los últimos días), que una doctora del Hospital Universitario e Investigativo de la ciudad de Gent me admitió que no existe un protocolo de cuidados de pacientes bariátricos a largo plazo, porque, en efecto, no hay estudios suficientes sobre estos pacientes. No se imaginan el respiro que fue escucharlo por primera vez de un profesional de la salud. Me dio la razón y continuó su examinación.

Una de las frases que escucho mucho de profesionales de la salud es que cuando te haces una cirugía bariátrica, tienes que tener un equipo multidisciplinario detrás tuyo. Un equipo que te va a cuidar a muchos niveles: una psicóloga, una nutricionista, una doctora, una cirujana, y me parece muy importante mencionarlo en este libro, porque a mí no me lo explicaron así.

En estos momentos tengo a una nutricionista, a un doctor, a un cirujano y a una psicóloga. ¿Cuánto dinero por año necesito prever para poder cuidarme de por vida? ¿Y cómo puedo garantizar yo que podré pagar esa suma de por vida? No en todos los países del mundo la cirugía bariátrica la paga el estado (o tu cobertura médica), ni ese cuidado viene con todos esos especialistas incluidos. Por otro lado, ¿cómo me aseguro yo que, si logro tener este equipo de especialistas cuidándome, estos estén alineados entre sí?

Este es un problema que estoy viviendo en este momento aquí en Bélgica: no logro encontrar una nutricionista bariátrica que esté alineada con Salud en todas las tallas ni que esté alineada con mi cirujano. Y lo que definitivamente no he podido encontrar es un doctor o una doctora de cabecera general que me pueda ayudar con los cuidados específicos como paciente bariátrica. Ya fui a dos endocrinólogos que no me pudieron dar respuestas, y una de ellas me trató con muchísima condescendencia y prácticamente me echó de su consultorio pidiéndome que no la hiciera perder el tiempo. Voy a comenzar a buscar una doctora internista general, a ver cómo me va. Pero el punto es que es muy fácil recomendar un equipo multidisciplinario de por vida a los pacientes, pero otra cosa es saber si vamos a poder pagarlo, y más importante aún, encontrar esos profesionales que verdaderamente nos puedan ayudar a llevar un nivel de vida óptimo. En los últimos dos años, ha sido una lucha eterna.

Ningún doctor nos puede asegurar antes de hacernos la cirugía qué tipo de secuelas va a desarrollar nuestro cuerpo. Los doctores no pueden prever si se nos va a bajar el colesterol a largo plazo, si vamos a desarrollar algún desbalance con la tiroides o si vamos a desarrollar algún tipo de deficiencia vitamínica, y esto es muy importante mencionarlo cuando te dicen que la "desnutrición controlada" es una de las secuelas.

Mi cirujano

En Bélgica, el cuidado de los pacientes a largo plazo se le asigna al cirujano bariátrico. Mis citas con él son geniales. Este es el doctor que me hizo el bypass gástrico hace dos años, quien arregló el desastre que se me hizo en el estómago. Es un doctor excelente, un poco tosco, pero muy profesional. Le confío muchísimo mi salud, es cuidadoso, es eficiente, pero no es un cuidador a largo plazo. Él es un cirujano. Y aquí es donde esta conversación se puede hacer un poco controversial, porque yo creo fielmente que los cirujanos son especialistas en hacer cirugías, son especialistas en diagnosticar una cirugía, en crear el equipo, en definir cómo proceder, pero su especialidad no es el cuidado de un paciente a largo plazo. Su corazón no está ahí, sus herramientas no están ahí y lo entiendo por completo: no es que tenga falta de humanidad o falta de empatía, sencillamente ese no es su trabajo, y no debería hacerlo.

Solía juzgar a mi cirujano como desalmado o con falta de humanidad, y realmente lo que he aprendido es a verlo como el especialista que es en lo que él es especialista. Creo que el sistema lo tiene súper saturado de trabajo y tiene diferentes responsabilidades, cuando idealmente un cirujano solo debería operar y planear cirugías.

Cuando conversábamos sobre mis síntomas, en una de mis citas, noté cómo él se tomaba a la ligera todo esto, porque en un momento me estaba hablando de si tenía o no que volver a operar, ¡y en ningún momento consideraba yo esa opción! Ahí entendí que para él toda la conversación gira alrededor de si se hace una cirugía más o no, y los síntomas que no indiquen que hace falta otra operación son de menor importancia y hasta pasan desapercibidos.

Cuando te vas a operar de cirugía bariátrica, tienes que tener de antemano un doctor que sepa cómo cuidar y prever las posibles secuelas.

La falta de investigación bariátrica

¿Sabías que el 80% de las personas que se hacen cirugía bariátrica son mujeres? Esta cifra realmente me impactó y me hizo pensar: ¿será posible que por eso no es una prioridad de estudio a largo plazo? ¿Qué pasaría si más hombres se hubieran operado en el pasado y hoy existieran más hombres viviendo con estas secuelas? ¿Habría el mismo déficit de investigación?

No creo que sea una coincidencia, ya que sabemos que

uno de los estigmas médicos más prevalecientes en la medicina es el machismo. Tomemos como ejemplo los anticonceptivos, aprobados para su uso en personas con útero pese a la larga lista de contraindicaciones y posibles secuelas (siendo que quienes tienen útero solo pueden embarazarse una vez al año), mientras que los anticonceptivos para hombres no se aprueban teniendo muchos menos efectos adversos, aunque ellos técnicamente puedan embarazar a más de una persona por día. Y en general, en la medicina, se suele tratar a las mujeres de "histéricas" o exageradas. Es más probable que escuchen o realicen más estudios a un hombre con los mismos síntomas (o a veces menos) que a una mujer. Se suele minimizar nuestro dolor, nuestros padecimientos, porque seguro estamos exagerando.

Es importante también compartirles que, desde que comencé a hacer pública mi experiencia bariátrica, me han escrito tres nutricionistas de diferentes países de Latinoamérica que trabajan o trabajaron en grupos multidisciplinarios de cirugía bariátrica, para reafirmar que mis testimonios son verdad. Que a los pacientes no se les informa lo suficiente y que muchas veces ese seguimiento que se promete no se cumple a largo plazo, además de que suele no ser suficiente para prevenir problemas de salud.

Por otro lado, todas las pacientes que nos hemos hecho la cirugía tuvimos que firmar un consentimiento antes del procedimiento, y no puedo dejar de pensar en esa responsabilidad médica de la que creo que la medicina bariátrica carece. ¿Un consentimiento realmente te explica la desnutrición a nivel macro y micro? ¿Nos educan lo suficiente antes de firmar ese documento? Cuando firmamos ese consentimiento informado, ¿estamos realmente informadas? Yo no lo estaba, y es importante informarnos y considerar estas preguntas.

Capítulo 7

Mi propuesta

Salud en todas las tallas

Si pudiera volver el tiempo atrás, no me haría la cirugía bariátrica y lo que haría es lo que te voy a compartir como mi sugerencia. Es lo que estoy trabajando en este momento para mí misma. No estoy diciendo que no te la hagas, pero muchas veces me preguntan qué sugiero antes de hacerse una cirugía o qué hacer si se decide no hacerla, y en ambos casos mi sugerencia es la misma.

Antes de desarrollar mi propuesta, necesito explicar lo que significa el movimiento Salud en todas las tallas.

Salud en todas las tallas (HAES, en inglés) es un

movimiento o una filosofía de la ASDAH, y no puedo dejar de mencionarlo por cómo me ha cambiado la vida. Por cómo me ha educado. Es gracias a Salud en todas las tallas que hay tantas personas alrededor del mundo que hoy están adquiriendo una nueva manera de tratar sus cuerpos y la salud de las personas.

En octubre del 2020, publiqué *El peso que más pesa* por tercera vez y abrí una cuenta de Instagram del libro en español y una en inglés. Jamás me hubiera imaginado que abrir esta cuenta me iba a regalar una comunidad que iba a crear una revolución dentro de mí misma. Parte de esta revolución fue el aprender lo que significa la alimentación intuitiva y Salud en todas las tallas. Comencé un proceso de trabajo con la nutricionista Raquel Lobatón de México, y bajo su *expertice* me tocó ver la película *Fattitude*. La primera vez que escuché el término "salud en todas las tallas" me pareció una frase preciosa, un concepto autocompasivo y amoroso que ni siquiera entendí en su totalidad. Fue después de ver esta película que comprendí lo que significa Salud en todas las tallas a un nivel personal, y entendí que cuando tenía un cuerpo gordo ya gozaba de muy buena salud. Entendí que mi cuerpo no estaba enfermo solo por ser gordo.

Entendí por primera vez en mi vida que mi gordura nunca fue una enfermedad, que yo podría haber continuado siendo una mujer muy sana en su cuerpo gordo, y esto fue el principio de un trabajo muy profundo conmigo misma. Fue aquí donde asumí que la cirugía me la hice bajo un estándar de educación o de conocimiento sobre la salud completamente falso.

El ejercicio y el movimiento placentero

Cuando decidí hacerme la cirugía bariátrica, me juré a mí misma que me comprometía a hacer ejercicio de por vida. Es decir, que si me estaba exponiendo a la muerte en una cirugía, como mínimo me debía a mí misma hacer ejercicio. Y hoy me pregunto: ¿por qué tenía que estar tan cerca de la muerte para comenzar a hacer ejercicio de por vida? ¿Por qué veía el ejercicio como algo que se hace cuando estás delgada?

Uno de los resultados de conocer Salud en todas las tallas es entender que todos los cuerpos podemos movernos y que todos los cuerpos podemos ser atletas. Sí, atletas, si eso quisiéramos ser. Al seguir muchas cuentas diversas en Instagram de atletas que hacen diferentes deportes en diferentes cuerpos, entendí que yo podría haber hecho las medias maratones y correr la maratón que corrí en mi cuerpo gordo. Sí, tal vez el comienzo hubiera sido más paulatino, pero ¿con la fuerza que yo tenía? ¡Ja, por supuesto que lo habría logrado! Entendí que el *fitness* puede ser también para los cuerpos gordos (si eso queremos, porque no le debemos *fitness* ni salud a nadie), y esto es algo que desearía con todas mis fuerzas haber sabido antes de hacerme la cirugía bariátrica. Cuando yo estaba gorda, veía el ejercicio como una actividad reservada para la gente delgada, sobre todo cuando hablamos del ejercicio permanente, como correr, hacer medias maratones, hacer alpinismo, senderismo, ciclismo. Cuando estaba gorda, pensaba que el ejercicio "difícil" era para los flacos, y para mí el ejercicio adecuado era aquel que solo estaba destinado para perder peso junto con mis dietas.

Si en ese entonces hubiera visto atletas, yoguis, bailarinas de ballet en cuerpos gordos, como las vemos hoy, como mínimo habría entendido que yo podía hacer ese ejercicio en aquel entonces, aunque a mí nunca me ha gustado ejercitarme. Antes de los diez años amaba moverme y era una muy buena atleta en la escuela, pero ya de adolescente estuve en el equipo de vóleibol y al no ser muy buena ni ágil, tampoco me motivaba a hacerlo más y mejor. Toda mi vida adulta he sido muy sedentaria, al menos que fuera en una pista de baile, pero mi naturaleza en la adultez era estar adentro de la casa.

Entonces, ¿por qué voy a pensar que el ejercicio es solo para la gente delgada? Muy fácil, vivimos en una sociedad gordofóbica que nos dice que los atletas solo existen en un tamaño; que nos dice que la salud solo existe en un tamaño. Y hoy pienso en lo diferente que habría sido mi vida si yo en mi cuerpo gordo hubiera escuchado sobre Salud en todas las tallas y sobre la posibilidad que yo ya tenía de ser deportista, de correr maratones o de montarme en un par de patines y disfrutar del hecho de moverme.

Existe una jerarquía de cuerpos, y los que están en el espectro delgado gozan de muchos más privilegios que las personas que tienen cuerpos gordos. Entre más gordo el cuerpo, más imposible resulta pertenecer a ese privilegio. O sea, entre más gordo un cuerpo, más estigma y discriminación recibe, y esto es una realidad absoluta e indiscutible. El *fitness*, el yoga y muchas otras prácticas físicas son vistas como si pertenecieran a los cuerpos delgados, y eso es algo que ha cambiado en la última década. Al yo entenderlo hoy en mi cuerpo delgado, desde el privilegio delgado el que vivo hace doce años, comprendo cómo esta fue una de las mentiras sobre la salud y el ejercicio que yo vivía antes de hacerme la cirugía.

Hoy, en el 2021, llevo dos años de no hacer ejercicio. Por etapas he podido caminar, patinar una semana y hacer sesiones cortas de yoga, pero no he vuelto a correr. No puedo. En el momento en que aumento un poco mi actividad física, tengo episodios donde mi cuerpo sencillamente cae cansado en el sofá por varios días. A veces, semanas o meses. La última vez que hice ejercicio fue durante una semana que estuve practicando un poco con mis nuevos patines y disfrutando muchísimo del movimiento. Después de una semana caí en el sofá y, hasta la fecha, es así. Quiero dejar claro que no abusé, que nunca me excedí más de una hora de patinar, y sin embargo caí. Es irónico pensar que cuando me hice la cirugía pensaba que se me abría el mundo del ejercicio y el movimiento porque iba a ser delgada e iba a tener más y mejor salud, y sin embargo heme aquí dos años sin que mi cuerpo me permita hacer ejercicio, porque sencillamente no puede. Esta es una secuela que todavía hoy, doce años después, no he podido entender a qué se debe. Y aunque me están haciendo estudios para entender mejor lo que está ocurriendo con mi cuerpo, la realidad es absoluta y hoy no puedo divertirme con el movimiento.

Terapia alineada con Salud en todas las tallas

Recuerdo que en la sesión que tuve con Raquel después de haber visto la película, le comenté que me di cuenta de que me hice la cirugía bariátrica por falta de información y le pregunté: "Pero Raquel, entonces ¿qué habría pasado con mi salud si yo me hubiera quedado gorda y hubiera comenzado a tener problemas de rodillas, problemas para dormir, problemas de colesterol o de esas cosas que nos han enseñado a ver como una directa consecuencia del peso?".

Ella, muy tranquilamente, me dijo: "Marianita, buscarías un tratamiento tal y como lo hace cualquier persona en cualquier tamaño de cuerpo".

Su respuesta realmente me sorprendió muchísimo: ¿por qué es lo más obvio y lo más lógico del mundo, y sin embargo me sonó revolucionario? Como si Raquel estuviera sacando confites de la luna. El problema es que la gordofobia y la cultura de las dietas nos han enfermado la cabeza y nos han hecho creer que nuestra gordura (o la gordura en general) es como tener cáncer. Tanto, que las soluciones más lógicas, más humanas para tratar nuestros problemas de salud, se borran completamente de nuestras posibilidades; y la respuesta de Raquel, por más lógica y obvia que fuera, en ese momento me tumbó como si fuera física cuántica. Después de esa oración, me dijo: "Y por supuesto que, tarde o temprano, en tu cuerpo gordo sería una buena idea comenzar a hacer las paces con la comida, aprender sobre la alimentación intuitiva y sanar tu salud con todo el tema, tal y como lo estás haciendo ahora".

Aquí es donde comencé realmente a entender cómo todo el tema del cuerpo, la salud física, la mente, las emociones y la comida misma, están completamente relacionados entre sí. Pero también aquí fue donde decidí buscar una terapeuta alineada con Salud en todas las tallas y especialista en trastornos de la conducta alimentaria, para profundizar con una profesional en mi historia con el cuerpo, problemas con la comida y los conceptos de alimentación. Porque el hecho de que Raquel me tuviera que explicar qué tendría que haber hecho si siendo gorda me hubiera enfermado, y que su respuesta fuera algo tan obvio, fue para mí un llamado de atención. Me di cuenta de que mi mente estaba tan ensuciada con la cultura de las dietas y la gordofobia en nombre de la salud, que necesitaría ayuda para poder entender todo esto desde su raíz.

Cuando escribí mi historia en *El peso que más pesa*, hice una terapia muy orgánica, muy intuitiva por decirlo así, pero nunca fue bajo la tutela de una experta o una profesional de la salud mental que sea experta en trastornos alimenticios, y francamente hoy agradezco que haya sido así. Si en cualquier etapa de mi vida hubiera tenido una terapeuta que no estuviera alineada con Salud en todas las tallas, de seguro me habría tocado una persona pesocentrista, que probablemente me hubiera inculcado más pensamientos gordofóbicos. Hoy, a mis 43 años, tengo en claro que solo voy a trabajar bajo la tutela de una experta que esté alineada a esta filosofía y sea respetuosa con los cuerpos diversos. Una experta que, tanto si recibe a Mariana delgada en consulta como a Mariana gorda, la trate exactamente igual. Y no va a ser nunca el peso de mi cuerpo el problema a trabajar en terapia. Necesito una profesional que me ayude a sanar estos temas con entendimiento y autocompasión, y no que me carguen de más estrés con el tema de mi cuerpo, la gordura o mis kilos. Ya la sociedad se encarga de eso. Y hablo por experiencia, ya que como cuento en *El peso que más pesa*, cuando admití que había sido bulímica por siete años fui a una institución de trastornos de la conducta alimentaria, y rápidamente me di cuenta de que con el enfoque de esas terapeutas, solo me iba a enfermar más. Apuntar en libretas cuánto comía por día solo envenenaba y empeoraba mi obsesión. Cuando voy a un psicólogo o experto de la salud mental, busco eso: ayuda mental y no gordofobia u obsesión normalizada por la sociedad.

Entonces, aquí es donde desearía agarrar de la mano a la Mariana de enero del 2009 cuando le ofrecieron una manga gástrica, la sentaría en una silla y le diría lo siguiente:

"Amor, hay un camino mucho más amoroso, pacífico y de verdadera sanidad que puedes tomar y es el siguiente: uno, sanar tu relación con la comida. Dos, aprender sobre la alimentación intuitiva y Salud en todas las tallas. Y tres, sanar y fomentar tu relación con el movimiento o ejercicio en tu vida".

Y, mis queridas amigas y amigos, este es mi deseo para ustedes también. No me interesa su peso, solo les deseo paz y verdadera salud que proviene desde adentro suyo, bajo sus reglas y respetando a su cuerpo.

Qué haría yo

Si alguien me dice que está pensando en hacerse la cirugía bariátrica, yo sugiero que como mínimo se dé un año antes de comenzar un proceso bariátrico, para hacer las siguientes tres cosas:

Alimentación intuitiva

La alimentación intuitiva vino a mi vida en octubre del 2020. Debo decir que lo que más tiempo me ha ocupado de ese proceso es el desaprender todo lo que yo creía sobre mi nutrición y sobre lo que significa la comida y el acto de comer. La alimentación intuitiva es todo un proceso para volver a conectar con nuestro cuerpo y sus necesidades. No es una dieta, no es un estilo de vida, como muchos llaman ahora a las dietas; es todo un proceso de reconexión con nuestros sentidos. Se trata de entender y confiar en que nuestros cuerpos saben lo que necesitan.

Yo recomiendo trabajar con una nutricionista de la alimentación intuitiva específicamente, porque –sobre todo cuando sufrimos mucho estrés por lo que comemos o por el tamaño de nuestros cuerpos y rechazamos nuestra gordura– tener este apoyo constante de una experta y dentro de este proceso es muy importante. Y a las personas que les genera mucho estrés su cuerpo, personalmente les sugiero que se vean con su nutricionista de la alimentación intuitiva semanalmente durante el primer mes. ¿Por qué? Porque a mí me dio muchísimo estrés y hasta vértigo cuando mi nutricionista me dijo que iba a aprender a escuchar a mi cuerpo. Hicimos la siguiente cita dos semanas después, y en esos catorce días hubiera deseado poder hablar con ella. Tenía un sentimiento de que iba a perder todo el control de mi cuerpo y me daba pánico. No exagero. Ya después de un mes, pudimos pasar las sesiones cada dos semanas y eventualmente me imagino que pasaremos una vez al mes.

Las sesiones con la nutricionista de la alimentación intuitiva son casi como clases. No se habla sobre el peso, no se habla sobre calorías, ni sobre números. Se habla sobre nuestra hambre, nuestros signos de saciedad, la satisfacción y la amabilidad con nuestros cuerpos. El camino dentro de la alimentación intuitiva nos lleva a reconectar con la comida y las necesidades de nuestro cuerpo desde una nueva perspectiva de bienestar. Díganme si la mayoría de las personas que ustedes conocen comen así. Con paz, escuchándose a sí mismos y libres. Sin juzgar la comida, sin prohibirse ni restringirse. Yo casi no conozco personas que coman así. De hecho, por eso también comencé la terapia: me di cuenta de que el 99% de mi red de apoyo vive en restricción con la comida, justificándose en que es lo mejor para su salud. Si yo quería un cambio real, me tocaba hacer un trabajo más profundo, y por eso busqué a Haica Rosenfeld.

Terapia especializada en trastornos de la conducta alimentaria

Si hoy vivo en un cuerpo gordo y odio ser gorda, rechazo mi cuerpo, tengo una relación con la comida llena de estrés, si la única manera en que lidio con mis sentimientos es comiendo, si creo que no merezco la felicidad por ser gorda, que me veo asquerosa desnuda, que nadie me va a querer acariciar; si creo todas estas cosas hoy en mi cuerpo gordo, mañana cuando adelgace llevaré esas creencias a mi nueva realidad física.

Tal vez no en el primer año, cuando todo es novedad y la báscula cambia mes a mes, pero cuando ya me acostumbre a vivir en una nueva delgadez y empiece a crear nuevos parámetros de lo que creo que es un "peso normal" para mí, la obsesión para mantener mi nuevo peso y todos esos pensamientos que tenía siendo gorda, los voy a tener también en mi nuevo cuerpo delgado, y el infierno mental será el mismo. Por eso, si no hago terapia, si no hago las paces con la comida, si no entiendo que el estrés nació en mi relación con mi cuerpo, no voy a poder adelgazar y ser feliz. No voy a poder seguir en un cuerpo gordo y aceptarme. No voy a poder estar en paz con mi cuerpo en ninguna talla.

La salud mental no tiene talla. Lo he dicho antes, y lo seguiré repitiendo y sabiendo toda mi vida: si yo no hubiera hecho un trabajo emocional y psicológico, que fue todo ese trabajo que hice cuando escribí *El peso que más pesa*, habría puesto todas mis esperanzas de felicidad en ese adelgazamiento físico, y eso hubiera sido catastrófico para mi salud mental y física. Gracias a que ya todo ese trabajo lo tenía hecho más de dos años antes de la cirugía, pude adelgazar y evitar muchísimos traumas que vienen con ese cambio de cuerpo. Cuando te das cuenta de que tu familia, tus amigos y el mundo en general, te respetan o te quieren más en un cuerpo delgado, hay un choque emocional. Es doloroso comprobar la gordofobia en la gente que quieres, es doloroso escuchar los chistes de gordos que tus amigos ahora sí hacen cuando estás presente y pensar que probablemente ya los hacían a tus espaldas. Con el adelgazamiento por medio de la cirugía bariátrica, también hay una gran presión por mantener ese peso bajo, como ya mencioné en el capítulo de las secuelas. También hay mucha vergüenza porque creemos que, de alguna u otra manera, la cirugía fue el camino rápido, el atajo a una pérdida de peso, entonces nos presionamos muchísimo más por mantener esa pérdida de peso.

Es muy importante trabajar nuestra relación con nuestro cuerpo, con la comida, con la gordura y todo lo relacionado a estos temas. Si padecemos de atracones, también trabajarlos y entenderlos, por ejemplo. Creo de corazón que la prioridad, antes de una talla, es nuestra salud mental y psicológica. Nada es más importante que mi relación personal conmigo misma: es sagrada.

El movimiento

Uno de los principios de la alimentación intuitiva es el movimiento placentero. En este libro, cuando hablo del ejercicio usaré la palabra movimiento. Para mí, es más amorosa y la he adoptado como un sinónimo de alegría y bienestar.

Entre más leo y más me educo sobre la salud en general, más entiendo que el factor que realmente nos puede asegurar un mejoramiento en nuestra salud a todos los niveles, es el movimiento. Y siendo una persona que vivió la mayor parte de su vida en un cuerpo gordo y odió el ejercicio durante la mayoría de sus años, sé que este es un factor importantísimo que a mí me habría cambiado la vida si lo hubiera entendido antes. Entenderlo desde un lugar de amabilidad.

Aprender a movernos por amor al cuerpo, por el gozo, el gusto de movernos, tiene totalmente otro significado a hacer ejercicio para perder peso. Cuando el ejercicio está ligado a la pérdida de peso, a su control y al estrés que la gordura o la pérdida de peso tiene en nuestras vidas, es casi imposible poder relacionarnos con el ejercicio desde un lugar de amor o de celebración. Comenzar a movernos un poquito más cada día, puede ser la costumbre que más salud nos vaya a dar en la vida, y cuando yo estaba gorda creía que el ejercicio era para otra jerarquía de seres humanos a los que definitivamente yo no pertenecía. Pero ahora ya lo entiendo diferente, y comprendo que cuando hablamos de movimiento, se trata de bailar en mi cuarto, caminar por la casa más activa y conscientemente, ir a dar unas vueltas a la cuadra varias veces al día (o solo una), meterme a clases de baile, hacer estiramientos en la cama o comenzar a patinar.

El movimiento no lo definen los *coaches* necesariamente. Que cada quien mueva lo que pueda y cuando pueda, pero que ojalá sea todos los días, e ir incrementando según lo podamos hacer. Créeme que estoy en una fase donde se me hace muy difícil moverme regularmente. Sé que no es fácil para muchas personas desde sus realidades físicas, pero de verdad que a veces con solo dedicar unos diez minutos en la cama todos los días a estirarnos, ya cuenta como una sesión de amorosos cuidados. Yo he necesitado sanar de por vida esta relación que tengo con el movimiento y es ahora que lo estoy haciendo. No más movimiento relacionado al control o pérdida de peso. Ese es mi pasado. Pero sí estoy convencida de que moverme más y regularmente es uno de los hábitos que más feliz y sana me van a mantener de por vida.

Capítulo 8

Mi proceso emocional

Instagram revolucionario

Como te he contado, desde que abrí mi nueva cuenta en Instagram, he comenzado a trabajar y estudiar todo el peso con la comida, como el acto mismo de comer. También comencé a trabajar con una psicóloga especializada en trastornos de la conducta alimentaria y alineada con HAES (Salud en todas las tallas). Así como también comencé mi proceso con la alimentación intuitiva con una nutricionista. A medida que iba aprendiendo nuevas cosas, que iba descubriendo nuevos aspectos de mi relación con estos temas en mi vida, los he ido compartiendo públicamente en mis redes. ¿Por qué? ¿Por qué comparto todo constantemente?

Hace muchos años entendí que mi historia tiene un formato diferente que el de la mayoría de las personas, pero que "el dolor, es dolor", como dice Byron Katie, y el proceso para liberarnos de nuestro dolor es muy similar para todos. Es decir que cuando escribí *El peso que más pesa*, ya entendía que de lo que yo estaba hablando, aunque aplicaba a mi historia específica y a mis procesos emocionales, mis cargas, mis luchas, terminan siendo las mismas luchas de muchísimas personas. Y, cada vez que un ser humano abre la mente y el corazón públicamente, puede acompañar a otras personas en sus procesos, no solo dolorosos, sino de amor, de lucha, de esperanza, de motivación. Desde entonces vivo teniendo en claro que mi dolor tiene un propósito más grande que solo ayudarme a mí misma a sentirme mejor, sino que al compartirlo, se convierte en una herramienta para los demás. Creo fielmente que todos tenemos ese poder de ayudarnos mutuamente si compartimos nuestros sentimientos y experiencias desde lo más profundo de nuestro ser.

Desde que abrí mi cuenta de Instagram, no he parado de hacer terapia, prácticamente. Y no hablo de la terapia específica con mi actual psicóloga. Sino que el seguir a todas estas especialistas, leer sus comentarios, recibir reseñas íntimas de personas que leen el libro, que me pidan recomendaciones, y muchas más de este tipo de interacciones, me ha llevado a expandir mi conocimiento. Por eso digo muy a menudo que mi comunidad en Instagram me está educando. Porque todas estas interacciones también me han ayudado a cuestionarme a mí misma en áreas donde no me había cuestionado antes, y que con mi nueva educación hoy veo mi vida completamente diferente. Así que cuando voy entendiendo nuevos conceptos, de inmediato los comparto, y ahí es donde nació la conversación sobre la cirugía bariátrica. Jamás me imaginé que abrirme a hablar sobre este tema iba a darme toda una nueva etapa de trabajo de investigación, de apoyar a otras personas en sus procesos, acompañarlas y decidir escribir un libro al respecto. Entendiendo hoy que hay una urgencia por publicar información para personas que piensan hacerse esta cirugía o que ya se la hicieron.

Y aún mientras escribo este libro y estoy haciendo transmisiones en vivo, durante las entrevistas mismas, por preguntas que ustedes me hacen, logro encontrar nuevos aspectos de mi historia que todavía no había pensado o trabajado. ¡Es increíble! Mi terapia es interactiva. Y es así cómo estas entrevistas y estas preguntas me están ayudando en mi proceso. En una de estas entrevistas, una persona preguntó quién sería Mariana hoy en el 2021 si no se hubiera hecho la cirugía bariátrica para perder peso en el 2009. Esta pregunta caló muy profundo, porque me reconectó con algo que mi pareja, Sven, hace poco me preguntó: "Si yo te diera ahora muchos kilos más, pero te devuelvo la energía y la salud que tenías antes de la cirugía, tomando en cuenta que ahora eres doce años mayor, ¿volverías a aceptar esos kilos?". Y le tuve que responder que sí.

Y mientras escribo, trago profundo y me reconecto con dolor, miedo, hasta con un poco de dolor de cabeza que me produce el solo pensar lo que estoy diciendo. Porque yo sí escogería volver a tener un cuerpo gordo si pudiera recuperar esa salud. Me expondría otra vez a la gordofobia, otra vez a no caber cómodamente en una silla de avión, otra vez a los insultos en la calle, probablemente las miradas de mi nueva familia, exponerme a tal vez perder a mi pareja... no sé si esto es así, creo que es un hombre que me amaría incondicionalmente en cualquier talla y realmente estoy convencida de ello, pero la realidad es que nunca lo sabremos... y sin embargo, yo hoy preferiría mi gordura a no gozar de una salud plena.

Realmente estoy tratando de recordar todo lo que dije en

la entrevista a esta persona que preguntó quién sería hoy, pero fue algo similar a esto:

"Mariana probablemente sería la misma persona que soy hoy. Sí, disfruto muchísimo el privilegio de ser delgada, disfruté muchísimo ligar más, disfruto mucho que me vean con admiración, disfruto mucho todas esas cosas que se viven cuando hay privilegio delgado, pero Mariana sería exactamente la misma persona de antes de la cirugía bariátrica. Yo ya había escrito *El peso que más pesa* dos años antes, tenía alrededor de cuatro años de vivir plena, consciente y presente en mi cuerpo gordo. No me identificaba con cómo la sociedad me veía, y sabía que al adelgazar no iba a ganar valor para mí misma".

Entonces, ¿dónde estaría Mariana si no se hubiera hecho la cirugía?

Hubiera continuado siendo esa Mariana que sabía cuál era su valor. Hubiera continuado buscando mis propias respuestas, mi propia sanidad, mi salud: ese ya era el camino que yo decidí tener a raíz del proceso que viví y que cuento en *El peso que más pesa*. Entonces, estoy totalmente segura de que tarde o temprano hubiera dado con la alimentación intuitiva, tarde o temprano hubiera escuchado sobre Salud en todas las tallas y estaría donde estoy hoy. Una mujer exitosa, una mujer plena, una mujer que disfruta la vida, y francamente no puedo decir que haya sido mi delgadez lo que me ha cambiado mucho en esencia o que haya cambiado mucho las expectativas de mi vida. Realmente, no lo puedo decir.

Repito, no sé si hubiera conocido a Sven, no sé si tendría pareja, pero a mí me interesa estar con una persona que me ame sin importar mi talla, porque así es como me amo yo. Y desde mis 35 años, que hice un gran trabajo en terapia sobre la manera en que me relacionaba con las parejas, con los hombres en general, entendí que soy una mujer plena y exitosa con o sin pareja. Cuando Sven llegó a mi vida, no había ninguna coincidencia del destino de por qué nos conocimos, ni por qué todo funcionó tan maravillosamente: la relación sana y de mucho amor que tengo hoy, es el resultado de un trabajo muy profundo que ya había hecho antes de conocerlo. Y así funciona todo en la vida: tenemos que serlo para poder tenerlo o darlo. Y por eso, tengo claro que Mariana sería exactamente la misma que existía antes de la cirugía bariátrica, más plena, más sana emocional e intelectualmente que doce años atrás. Pero sería la misma que habla hoy.

Perdonar mi cirugía

Gracias a Aleja, una querida seguidora de Instagram cuyo testimonio también es parte de este libro, me di cuenta de que no estaba hablando de una parte muy importante de mi proceso con esta cirugía: perdonarme por haber accedido a hacerla.

Aleja me escribió diciéndome que me escuchó en un vivo de Instagram y que quedó muy triste al escuchar todas las secuelas que Yesi y yo hemos vivido. (Yesi también es parte de este libro, y juntas compartimos en ese vivo nuestras experiencias con la cirugía). Aleja me comentó que ella quería aprender a perdonarse, que se daba cuenta de que tenía que comenzar a alimentarse mejor y que se quería cuidar más. Su mensaje privado me hizo pensar que todavía no había escrito sobre esa gran parte de mi trabajo emocional que estoy haciendo con la psicóloga actualmente.

En el momento en que vi *Fattitude* por primera vez, comprendí que me había hecho la cirugía bariátrica por falta de información sobre la salud. Y aquí comenzó a formarse dentro de mí un gran conflicto: ¿era posible que yo, Mariana, me hubiera hecho la cirugía bariátrica por ignorancia? ¿Era posible que hubiera caído en la cultura de las dietas y la gordofobia a tal nivel que expuse mi cuerpo a la muerte y a una salud comprometida de por vida, en nombre de la gordofobia disfrazada de salud?

Sí, así fue.

Incluso yo, que había escrito un libro compartiendo mi proceso emocional y mi proceso psicológico de aceptar mi cuerpo, de aprender a amarlo, de aprender a vivir mi vida llena de gozo sin importar mi talla. Yo, Mariana den Hollander, tuve que admitir que fui víctima de la cultura de las dietas y la gordofobia internalizada y médica. No hay otra manera de decirlo. No me gusta decirlo. Se me hace sumamente vergonzoso, me siento culpable, tonta, inculta y, sobre todo, decepcionada de mí misma.

Así que, en definitiva, estoy en un proceso de aprender a perdonarme por esa decisión. Estoy en un proceso de aprender a aceptar que esto es lo que fue y que ya no puedo cambiarlo. Tengo muy en claro que fue por la falta de información a largo plazo –que ni siquiera hoy, en el 2021 existe– que yo caí en hacerme esta cirugía. Porque créanme, hice mucha investigación en tres idiomas y no encontré datos o justificaciones para no hacérmela, porque al principio no quería hacérmela, pero quería responder al regalo con un "no" que se basara en pruebas médicas. Como te he contado, las complicaciones que encontré fueron el volver a ganar el peso y tener que tomar vitaminas de por vida. Me considero víctima de una negligencia médica internacional que no está estudiando y publicando información sobre los efectos de la cirugía bariátrica a largo plazo. Pero más allá de quién es el culpable o no, soy yo quien tengo que trabajar ahora la culpa que siento, la vergüenza y, sobre todo, aprender a perdonarme y soltar el enfoque en esa decisión. Lo hecho, hecho está.

Mi psicóloga Haica Rosenfeld me ha sugerido escribirle cartas a mi cuerpo, como si fuera una persona. En ellas me comunico con él y le digo todas las cosas que le quiero decir. Yo amo mi cuerpo, lo amo mucho, y quiero lo mejor para él, así que cualquier persona que se haya hecho la cirugía sin importar qué resultados de peso haya tenido y no se esté sintiendo bien, le sugiero trabajar con una psicóloga. Tenemos que buscar ese perdón.

Creo que una de mis maneras de perdonarme o sentir paz con todo lo que ha sucedido, es sin duda alguna este libro. Mientras les comparto mi corazón, mi mente y lo que voy sintiendo en cada paso de este camino, estoy creando una base de datos para mí misma, pero también para otras personas. Eso me ayuda a perdonarme y a creer que todo es parte de esta vida hermosa que me toca vivir y de este gozo interno que soy yo y que quiero seguir disfrutando.

Me doy cuenta mientras escribo de que no tengo una respuesta exacta para Aleja. No le puedo decir con exactitud cómo llegar a perdonarse, y lo único que le puedo ofrecer, yo de 43 y ella de 19, es este libro que ojalá la acompañe en su camino de aceptación, de su liberación corporal y de paz. Espero de corazón que encuentre una psicóloga alineada en Salud en todas las tallas con quien pueda entenderse y encontrar esa voz interna de autocompasión y entendimiento. Esa voz que, si la trabajamos, se puede convertir en nuestra mejor amiga.

Capítulo 9

Otros testimonios

Cuando publiqué la primera historia en Instagram en la que compartí lo que es tener anemia y cómo estaba en un periodo de cansancio extremo, la reacción de mis seguidores en la comunidad de Mariana den Hollander libros fue tan grande que decidí hacer un video. Y la reacción a ese video realmente me sobrecogió; me impactó muchísimo el entender que esta era una conversación que necesitaba tanta atención; me impactó muchísimo que la gente me empezara a escribir; me impactó muchísimo darme cuenta de que hay tan poca información al respecto. De hecho, cuando yo misma estuve buscando información sobre el *twist* gástrico, por ejemplo, o sobre los problemas de perder la motilidad del esófago, encontré muy poco. Y entonces ahí me di cuenta de la necesidad que hay de escuchar las historias a largo plazo de las otras personas, la necesidad que hay de darnos una voz y entender mejor por qué llegamos a una decisión tan extrema como cortarnos un órgano para poder adelgazar. Pero también la necesidad de crear un espacio de autocompasión en el que, juntas y juntos, podemos escuchar nuestras voces y sentirnos acompañados en un proceso que puede generarnos muchísima culpa.

Creí necesario incluir en este libro todas estas voces: algunos son comentarios que me hicieron en un post, otros son mensajes por privado que me mandaron, y otros son relatos que las personas decidieron compartirme sobre su experiencia específica. Yo no estoy tratando de convencer a nadie de que no se haga una cirugía, lo que quiero es traer a la luz experiencias y listas de síntomas, posibilidades de cómo hacer las cosas, puntos de vista... Quiero crear conciencia, que haya luz en cuanto a este tema. Que si una persona hoy decide hacerse una cirugía bariátrica, desde ya pueda contemplar lo que a largo plazo puede llegar a ser su vida.

Yo no tuve esa oportunidad, casi no encontré información, y no porque no la buscara, sino porque no existía, no había nada de lo que sucede a largo plazo, no había nadie hablando del desgaste emocional o mental de una cirugía, y por eso me pareció súper importante incluir todas estas voces. Muchas de estas personas ni siquiera han leído mi primer libro, no llegaron a mí por eso, sencillamente se vieron atraídas a lo que yo estaba diciendo para contarme su experiencia. Y esto me parece muy válido, creo que nos puede ayudar a todos a compartir más sobre este tema, y a otras personas que tal vez están en la misma situación y que necesitan recomendaciones de cómo cuidarse mejor en estos momentos después de su cirugía bariátrica. Así que aquí te comparto sus vidas, sus historias. Hay personas que accedieron a que sus nombres completos fueran incluidos, y otras que no. Son todos testimonios reales de gente que no conozco en persona y que, por las maravillas de la tecnología, hoy estamos conectados como si fuéramos grandes amigos.

Respeté los relatos tal como me los enviaron, pero reemplacé los términos "sobrepeso", "obesidad" y "obesidad mórbida" y los números de kilos y calorías por asteriscos (*) ya que, como expliqué en la introducción, estos términos y las cifras son dañinas para muchas personas y pueden desencadenar trastornos de la conducta alimentaria.

Artemisa - México

Tengo muy vagos recuerdos, pero sé que de niña me llevaba dulces a la cama. A esto aún no le he encontrado significado, pero sé que era a escondidas de mi mamá, y supongo también que eran un calmante para mis emociones. De adolescente, recuerdo un día que veíamos una película juntas y teníamos una variedad de snacks deliciosos para acompañarnos (era un gran ritual de madre e hija, cómplices de vida): ella tomaba vino y yo alguna soda. No recuerdo ni qué película vimos, pero recuerdo que comí en exceso y me arrepentí. Sentada en el sillón frente a mi mamá, dije: "comí demasiado", y sentí un malestar terrible en el estómago, pero lo volví a hacer (aún lo hago).

Después, tuve mi primera decepción amorosa, una relación con un hombre de verdad que entraba a mi vida como un gran anhelo. René tenía unos 23 años, y yo apenas 17. Pasaba por mí en su Mustang rojo y me llevaba a comer a restaurantes a los que yo soñaba ir como adulta (no acompañada por mi mamá). A veces me besaba, pero siempre me trataba como la segunda persona más inteligente del mundo (después de él, claro). Un día me quiso maltratar y menospreciar, así que lo tuve que dejar, pero me costó el cuerpo y ánimo. Recuerdo claramente que estaba comiendo en un lugar fuera de casa y pedí postre: "ya no me tengo que cuidar por nadie", pensé, y lo devoré. En ese momento comencé a comer compulsivamente.

Empecé a odiar mi cuerpo. No sé el momento exacto en que sucedió, pero siempre quise estar más delgada, más plana. A los 12 años fui a mi primera clase de aerobics, la primera dieta la hice para mi quinceañera a los 14 años. Supongo por las fechas, que empecé a vomitar a los 17 años, cuando una compañera de la preparatoria me contó en confesión que ella vomitaba para ser delgada. Era la primera vez que escuchaba que alguien fuera de las películas hiciera eso. Seguí odiándome y seguí buscando refugio en la comida. A los 13 años dejé de chuparme los dedos así que lo que seguía era comer, y me convertí en un barril sin fondo. A los 17 también encontré unas pastillas "naturistas" con las que bajé ** kilos y ahí comencé a afectar a mi metabolismo. Durante esas épocas probé unos cinco tipos de dieta, encontraba una en algún libro de mi mamá... otra era la doctora de moda con una dieta de grasas, otra te ponía a tomar jugo de naranja en las mañanas sin control, hacía ejercicio diario... no parecía haber nunca una meta a la que pudiera llegar.

Cuando me mudé a la Ciudad de México a los 23 años, seguí induciéndome el vómito, pero era algo más esporádico. Sin embargo, la tiendita de debajo de mi departamento era el lugar perfecto para pasar por unas galletas después de trabajar. Hice otras diez dietas y nunca lograba llegar a mi peso; tomé de nuevo las pastillas milagrosas que me habían resultado a los 17 y logré bajar muchísimo, pero me alteré la hormona de la tiroides. En ese momento, dos endocrinólogos me recomendaron que dejara de tomarlas y que solo se iba a componer mi problema de función tiroidea, pero mi trastorno no. Al poco tiempo perdí a mi familia y comencé de verdad a llenar mi vida de comida, sentía que los límites de ser buena o mala no existían, y cometí muchos excesos: sexo, alcohol, comida. Mi cuerpo comenzó a crecer y crecer y a disgustarme más, pero por un período dejé de provocarme el vómito.

Dos años después, para mi cumpleaños número 30 conocí a un hombre por Internet: era de San Francisco, le gustó mi foto y empezamos a escribirnos e-mails con conversaciones profundas y emotivas. Quiso venir a visitarme porque se había enamorado de mí, pero al conocerme toda la faramalla romántica que montó se disminuyó al verme gorda (así lo escribió en su diario, el cual yo leí porque no entendía su frialdad tan repentina). Fue otro golpe a mi imagen propia y a mi seguridad: "¿Quién va a querer estar con una gorda? Por muy simpática e inteligente que sea, nadie quiere a una gorda".

Me volví más y más obsesiva, y de repente, estando en el peso más alto que he tenido, conocí a otro hombre que con disimulada gordofobia me dijo: "Deberíamos ponernos a dieta juntos, ¿no?". Y comencé otro ciclo de restricción y de autoengaño. La bulimia fue el único método que me aseguraba bajar; comía lo que quería, si al cabo lo iba a vomitar al rato. Así empecé a disminuir mi cuerpo y a mandarle fotos de mi peso a mi novio que me condicionaba las visitas y las vacaciones a un número en la báscula. Duré dos años en esa relación en donde además aprendí a mentirle, logré manipular lo que aparecía en la escala al apoyarme en algún mueble y así poder mandarle una foto y conservar mi relación por demás tóxica. Al final me dejó, y corroboré que nadie quería estar con alguien de mi tamaño. Los ** kilos que había bajado con la dieta del amor, los recuperé en dos años.

Supe que una prima se había realizado una operación para bajar de peso y se veía guapísima, y entendí que si quería ser feliz tenía que adelgazar, así que le pedí los datos de la clínica que la operó y fui a ver al doctor. Mi sobr*peso era de unos ** kilos, y en realidad no era candidata para una operación, pero sí fui aceptada. En menos de un mes había conseguido endeudarme para pagar la manga gástrica. Les di una fecha y acepté que mutilaran una parte de mi estómago, para por fin poder adelgazar. Entré con la mejor disposición a la operación, les conté a mis amigas, y a las que me mostraron resistencia les dije que lo hacía desde un lugar de amor y de alegría, de responsabilidad por mí, y de verdad lo creía. Al principio fui muy feliz: bajé de peso y dejé de ingerir grandes cantidades de comida, pero el problema mental no se resolvió, así que seguí queriendo comer como cuando tenía mi estómago normal y todo lo regresaba, lo que hizo que mi bulimia se agudizara, así como mi gordofobia. Comencé a rechazar la versión más pesada de mi vida y a no querer ni ver fotos de esa época.

Han pasado dos años y medio desde la cirugía, bajé ** kilos en un año, pero fue tan rápido el proceso que mi cuerpo lo percibió como un problema, así que mi tiroides dejó de funcionar normalmente y le metió el acelerador al cuerpo. Bajé más de peso y tenía unos temblores incontrolables, no podía hablar porque se me cortaba la voz, no pude nunca regresar a hacer ejercicio porque mis músculos no aguantaban nada, ni mis rodillas. Mi corazón aún tiene taquicardia al momento de escribir este texto, me volví súper irritable con todos y conmigo misma, me entraron pánicos por hacer cosas que nunca había temido hacer y apareció un bulto en mi cuello llamado bocio. Mi cuerpo por fin se había rebelado ante el abuso de una mujer presa de la cultura de las dietas; nunca había estado enferma por tanto tiempo, y ahora entiendo que cuando me operé, tampoco estaba enferma.

Hoy, a dos años de mi primer síntoma, me encuentro regulando mi tiroides aún, el peso que perdí ya lo recuperé porque aún no logran regularla. Mi doctora hoy me dijo: "Yo sé que te preocupa el peso, pero tienes que entender que llegaste grave, con un cuadro severo". Y claro que lo entiendo, pero entiendo también que yo misma me llevé a esta enfermedad. La bulimia y mi aceptación la sigo regulando también, me cuesta mucho aceptar este cuerpo que no me gusta cómo se ve y que hace insegura a la mujer segura que proyecto ser.

Valentina - Chile

Tengo 35 años y me operaron a los 14. Era una niña, y han sido 20 años muy difíciles. Esta cirugía te transforma en paciente vitalicio. Tomo dos vitaminas diarias de centrum en este caso, vitamina D 100.000 ui cada mes, y vitamina B12 inyectada. Lo que no logro frenar es la descalcificación. Es impresionante la desinformación, y realmente el romance con la cirugía no dura más de 5 años, salvo excepciones. Me parece importante informar todo lo que los médicos omiten a las pacientes, y nuestras historias son muy importantes.

Te hablo sobre algunas de mis secuelas:

Al producir poco o nulo ácido estomacal, se hace complicado el tema de la suplementación con calcio. Hay que tomar un citrato, con mayor riesgo que la población normal de producir cálculos renales. La mayoría de las personas con bypass formamos hernia hiatal, que generalmente no da mayores problemas; en mi caso, esta hernia creció de tal forma que el intestino delgado y parte del colon subieron al tórax aplastando corazón y pulmones. La cirugía que me hicieron en diciembre del 2020 reparó lo anatómico, pero no las molestias del reflujo y dolor por comidas.

Hay muchas cosas que pueden pasar después de un bypass gástrico. Por ejemplo, está el SIBO (sobrepoblación bacteriana en el intestino delgado), y cada algunos meses tengo que tomar antibióticos. También ahora tengo que visitar a una doctora especialista en calvicie femenina, porque hay problemas con las uñas y el pelo. Otro punto es la cantidad de pacientes que recuperan el peso con los años, y la cifra es altísima. Yo estuve muchos años perdida en síntomas que no sabía qué eran. Muchas veces, confundía crisis de pánico con hipoglucemias, ya que son muy parecidas. Muchas operadas no saben los riesgos de las bajas de azúcar (que son muy frecuentes, y no siempre sintomáticas). Las nocturnas, por ejemplo, matan neuronas. Yo debo manejar en el auto un stock de dulces en caso de emergencia. Imagínate si me pasa manejando.

La solución que me han dado para las hipoglucemias nocturnas es un antidepresivo. Yo tengo depresión desde muy niña, y dentro de los medicamentos que tomé alguna vez esta este que me ofrecen para tratar las bajas nocturnas. Cuando tomé ese medicamento subí ** kilos en una semana. Están estudiados los efectos de este medicamento en subir el azúcar y producir incluso diabetes, entonces te imaginas el terror que le provoca a una que ya está obsesionada con el tema kilos, que te ofrezcan una solución que te hace subir.

Por eso, cuando hablo de que me convertí en una paciente vitalicia, es justamente esto: que no paro de vivir con medicaciones y tratamientos. Soy afortunada de que puedo pagarlo, ya que son vitaminas, minerales y doctores de múltiples ramas. Siempre que puedas estar en control constante con los doctores, hazlo. Es lo mejor y así es como vas a estar bien, pero esto es lo normal dentro de este proceso.

Yo no estoy en contra de las personas que deciden operarse, pero creo que falta información real sobre riesgos vs beneficios. Y debería reservarse solo para casos especiales.

Paulina - México

Acabo de terminar de leer *El peso que más pesa*. Muchas gracias por compartir tu historia. Sin duda, me identifiqué mucho en algunas partes. Como tú, yo creía que el bajar de peso solucionaría todos mis problemas y desaparecerían todas mis inseguridades, y pues me hice la cirugía bariátrica hace 6 años. No puedo decir que soy más feliz o más infeliz, ni mucho menos más sana, pues también tuve severos problemas de anemia. Apenas hace unos meses me dieron de alta, obvio con mis vitaminas, hierro y ácido fólico diarios. Te escribo porque es difícil encontrar personas que entiendan este camino, pero leerte me inspiró y me alivió, pues la triste realidad es que ni con cirugía y ** kilos menos he aprendido a amar mi cuerpo.

Marcela Escariz - Argentina

Mi nombre es Marcela Escariz, vivo en Buenos Aires,

Argentina, soy de clase media, oriunda de familia con sobr*peso y ob*sidad. Actualmente tengo 36 años, mido ** m y peso ** kg. Hoy estudio Nutrición. Cuento el contexto porque es importante para entender cada experiencia.

Mi realidad es que desde mis 2 años hasta los 32, fui ob*sa. Mi último mayor pesaje fue de ** kg midiendo apenas ** m.

Para la OMS, mi estado era OB*SIDAD M*RBIDA. Caí a un centro multidisciplinario para realizarme la cirugía bariátrica, toda mi vida había probado miles de dietas y tratamientos sin resultados, ya no podía admitir esa imagen que me reflejaba el espejo, porque no encajé nunca en lo "socialmente aceptable", a pesar de que mis análisis daban perfectos, que nadaba, trabajaba, tenía amigos, novio, familia que siempre me amó a pesar del peso que podía portar. Siempre tuve una personalidad extrovertida y alegre, nunca nadie se imaginó que mis kilos y mi imagen me pesaban aún más de lo real, por dentro cargaba la discriminación de toda una vida, querer entrar en un talle "small" y ser perfecta como en las revistas... ¿Para qué? ¿Para sentirme más incluida? Esa inseguridad y sentimientos de odio que te generan desde chica con: "estás muy gorda", "cerrá la boca y vas a ver cómo bajás", "nadie te va a querer siendo gorda", "la culpa es de los padres", "no, no tenemos talle para vos"... las risas de los compañeritos en tercer grado cuando visitamos la farmacia y nos pesaron, la vez que no me dejaron entrar a un boliche por gorda... Odiaba todo lo que tenía que ver con el cuerpo, y aun así siempre me mostré segura de mí misma, quizás era una autodefensa para no caer...

Y así supongo que todo eso y más me llevó a realizarme una cirugía, porque también quería estar a la altura de mi novio de ese momento que era flaco y lindo... Así fue que, en contra de todos los que se opusieron, entré por primera vez a un quirófano por decisión propia, un 22 de mayo de 2017. La verdad no puedo decir nada malo del centro donde realicé el tratamiento, hasta que no estuve psicológicamente, nutricionalmente y clínicamente apta no me operaron, me enseñaron a relacionarme con la comida y cómo iba a ser mi vida después y me dejaron en claro que la cirugía no era una solución sino una herramienta. Yo no tenía diabetes, ni hipertensión ni nada, SOLO ERA GORDA, un envase que no es admitido como "normal y lindo" en una sociedad, al menos en Argentina.

Hoy, a casi cuatro años de ese día, y en una deconstrucción constante y estudiando Nutrición, puedo decir que sí me gusta mi imagen actual, pero yo creo que es por lo que nací escuchando, ¿no? Ser flaca es ser linda... Pero ser flaca no me trajo más felicidad como creía, siempre decía "cuando sea flaca voy a ser más feliz", pero no, solo me sirvió para achicar talles de ropa y "verme más linda"... Al año me separé. Sí... nadie te cuenta que la persona que tenés al lado no se banca el cambio. No digo que a todos les pasa, pero a la mayoría, sí.

Sigo teniendo los mismos amigos, mi familia me sigue amando igual, sigo teniendo los mismos problemas económicos, y no, no tengo un mejor trabajo por "ser linda".

Mi nivel de salud es peor que cuando estaba gorda, combato la anemia diariamente, aunque ahora me dieron bien los resultados no puedo descuidarla, tengo que tomar suplementos de por vida y hacerme controles periódicamente; todos los años chequeo la vesícula, y no podés hacerte el estudio de la curva de la glucosa, si bien nunca vomité ni nada me cayó mal, fue por mi conducta y autocontrol, pero mucha gente no es APTA psicológicamente y se opera igual.

No voy a mentir, mi imagen me agrada más ahora, me siento mucho más liviana, puedo correr sin agitarme, no me da pudor desnudarme o usar una bikini (aunque aun así me sigo buscando defectos), pero hoy no puedo dejar de cuestionarme que mi aceptación actual es por lo que me metieron en la cabeza desde niña... A veces pienso: si hubiera una sociedad que no me hubiera martirizado con mi peso, y fuera empática e inclusiva, ¿yo me habría operado? Pues la respuesta es NO, simplemente me operé por una mejor imagen, y es duro aceptarlo, pero ahí radica en la deconstrucción que busco, y el día de mañana que sea nutricionista no voy a vender una imagen de que "lo flaco es salud, la obesidad es una enfermedad", porque es una mentira, se puede ser flaco y no tener salud, como ser gordo y sí tenerla... Ahí radica, en que nosotras mismas nos sinceremos y nos aceptemos, así podremos construir una comunidad más amable con el otro...

Javier - Costa Rica

Hola, soy Javier y tengo 41 años, casi 42, de los cuales 38 viví con sobr*peso. En algún momento de la vida llegué a pesar ** kilos, y además de las burlas de mis compañeros y amigos de infancia y adolescencia, lo complicado era conseguir ropa para mí. El asunto es que desde que tengo uso de razón he vivido en constantes dietas, he probado todos o casi todos los productos para adelgazar, y nada. Desde comer solo pollo sancochado con un chayote a suspender una o dos comidas y cambiarlas por pastillas y batidos... y todo esto lo hacía porque me lo pedía mi mamá, no porque yo quisiera. Mi hermano mayor también es gordo, pero a él nunca lo obligaron a hacer ninguna dieta, o al menos no que yo recuerde.

Así pasaron esos 38 años entre dietas, pastillas, gimnasios (que los detesto, dicho sea de paso), y yo siempre comiendo rico, porque la verdad es que ese era mi único delito: disfrutar la comida.

Te podés imaginar todos los problemas de insatisfacción corporal, inseguridades y todo lo que uno carga, o al menos que yo cargaba, solo por el hecho de ser gordo en un país donde la "mayoría de personas" son delgadas.

Mi deseo era adelgazar y tener un buen cuerpo para poder gustarle a alguien y poder ser visto no en mi "enorme cuerpo", sino en un cuerpo "bonito". Obvio, es lo que hasta el día de hoy te venden, pero tampoco te cuentan todo lo matado que puede ser mantener unos cuadritos o unos músculos "aceptables".

Más o menos en el 2012 me descompuse en el trabajo, y me dio algo que yo creo que fue indigestión. Seguí mal, y resultó que era un principio de gastritis. Recuerdo que el gastroenterólogo que me examinó me hizo quitarme la ropa para ver algunas otras cosas, y me dijo que yo no me quería, que me viera el abdomen tan grande y las mamas tan grandes, que yo no tenía amor propio, y me dio una referencia para cirugía en el San Juan de Dios. La cosa es que no prosperó nada, vos sabés cómo es el seguro social de lento en este país. Para ese mismo año o el siguiente, hablando con una vecina que es enfermera en el México me dice que ella me puede ayudar, y me saca una cita en la clínica de metabolismo. Me hacen algunos estudios, y dieron con algunos trastornos hormonales que se pudieron solucionar pero que su raíz era nada más y nada menos que mi ob*sidad.

Hasta ahí, yo seguía disfrutando de la comida, seguía teniendo mis inseguridades y complejos, pero di todo normal. Era la vida que tenía y la verdad vivía bien, o al menos eso pensaba. Respecto al resto de salud, siempre bien, nunca azúcar, ni triglicéridos, ni colesterol ni nada. Me pasan a cirugía general, me daban citas cada seis meses para verme la cara nada más, porque lo único que me decían era que había una lista de espera muy grande y las cirugía bariátrica no era prioridad.

Más o menos a finales del 2015, inicios del 2016, tuve la

oportunidad de hacer un viaje a Europa, y claro, tanto caminé y comía a deshoras, y la emoción, que cuando regresé a Costa Rica venía con unos kilos menos, y dije: "¡al carajo, cirugía! Ya no voy a volver a las citas, eso no se va a dar, trataré de comer menos (aunque eso nunca sucedió), y seguir la vida tranquilo". Para ese momento, las úlceras ya estaban sanas, el problema hormonal solucionado, todo normal, y la idea de la cirugía de verdad que se esfumó.

Cuál es mi sorpresa cuando, en abril del 2017, casi un año después de no ir a citas y no hacerme exámenes, me llaman del hospital, que tenía que presentarme equis día para hablar de la cirugía, y yo fui. Soy creyente, y dije: "Bueno, Dios lo permite por algo, habrá un propósito para mi vida".

Fui y me sentaron frente al jefe de cirugía y una enfermera, me tomaron la presión y no me dijeron absolutamente nada más que era candidato para la cirugía, que firmara los papeles, que si tenía chance de hacerme unos exámenes por fuera y que a partir del 2 de mayo de ese año me llamaban para la cirugía. Hice los exámenes que me dijeron y el 28 de mayo me estaba internando. Yo mientras revisaba información de la manga gástrica y los beneficios que eso me traería y los "pocos" efectos secundarios que tenía. El asunto es que como dice en la Biblia, yo iba como cordero al matadero, no sabía qué me esperaba. Al día siguiente a las seis de la tarde estaba entrando al quirófano, y el resto es historia.

Antes estaba mejor de salud, y yo lo veo así, porque antes no tenía que tomar ninguna pastilla para nada y resulta que unos dos años después de la cirugía, empiezo a tener unos dolores fatales en la boca del estómago y tenía que comer muy poquito porque todo los vomitaba. Hasta tomar agua me dolía, y la acidez era algo insoportable. Exámenes van y vienen, y resulta que me diagnostican una enfermedad del reflujo gastroesofágico con esofagitis, y me dan dos soluciones: o pastillas de por vida (las cuales traen un montón de efectos secundarios), o la otra solución es una nueva cirugía: un bypass.

Si yo no me tomo el bendito omeprazol, no sabés el dolor que siento. La acidez no se controla con nada, y hasta el agua que tomo la vomito, es insoportable. Estos días estuve sin el medicamento porque del seguro me lo mandan por tres o cuatro meses y ya. Es tanta la acidez que la garganta se me irrita y llego a tener disfonía, y tras de eso soy docente, entonces hablo todo el día. Sumado a la acidez y el dolor, te podés imaginar.

Tal vez hay personas que tengan más problemas por la

cirugía, problemas de salud que son más fuertes (no hablemos de las flatulencias, de los estreñimientos y algunas otras cosas que son "menores"), pero si me veo antes yo no tenía que tomar ningún medicamento para nada, podía comer lo que quería sin ningún problema y ahora dependo de una pastilla para mantenerme bien, o al menos no sentir ese dolor y esa acidez tan fatal.

Hay otro montón de cosas que pensé que se solucionaban a la hora de adelgazar, a nivel psicológico, pero esas se duplicaron o triplicaron a la potencia.

Después de mi psicóloga y mi familia, claro, sos la primera desconocida a la que le cuento esto. Gracias por la oportunidad, y espero que algo de todo esto pueda ayudar.

Yesi - Argentina

Mi bypass gástrico fue a causa de una enfermedad gastrointestinal. Muchas personas no saben que el bypass gástrico fue inventado para ayudar a personas con ciertas enfermedades intestinales y metabólicas. Después se dieron cuenta de que la gente bajaba de peso y empezaron a usarla como método para solucionar o combatir la ob*sidad.

Yo tenía cinco años de estar muy mal de salud, de una enfermedad letal y de la que ningún doctor se daba cuenta, porque lo que veían era un cuerpo gordo cuyo problema era su gordura y no era prioridad. De hecho, me culpaban por mis dolores. Pero la verdad era que tenía una enfermedad que me estaba matando por dentro.

Tenía una hernia hiatal, 12 úlceras gastroesofágicas que habían hecho laceraciones en todo el tracto digestivo y estómago. Estaba perdiendo sangre, tenía gastritis crónica severa y enfermedad de reflujo o reflujo gastro intestinal.

Era todo un conjunto de enfermedades las que me afectaban, y la única solución que encontraron para poder solucionar todo esto fue el bypass gástrico. Me tuvieron que operar de urgencias porque si no me operaban solo iban a pasar dos cosas: o desarrollaba un cáncer de estómago por todas las úlceras y pérdida de sangre, o iba a morir de una hemorragia interna. En el último mes antes de la cirugía, prácticamente pasé con transfusiones de sangre y hierro intravenoso. La hemorragia interna era muy grande y se vieron obligados a hacer la cirugía como única solución.

He tenido muchas consecuencias a lo largo de este año. La primera que nos dimos cuenta fue al mes de estar operada, y es que desarrollé intolerancia al gluten. Cuando tenía que empezar a comer comida sólida, no los toleraba y terminé en emergencias. Ahí se dieron cuenta de que soy intolerante al gluten y a la proteína. Estas son consecuencias de las que no nos hablan.

Ahora soy una persona celíaca, lamentablemente. Después de un año me volvieron a hacer una endoscopia y sigue la intolerancia. Tendré que acostumbrarme a comer así por el resto de mi vida, al igual que no comer carne de res ni de cerdo.

En este año ha habido secuelas como la caída masiva del pelo (de hecho, el pelo no me crece. En un año no me creció y se me cae, tengo agujeros en la cabeza). Y este es un tema que me causa muchísimo malestar. Las uñas tampoco me crecen. Nunca en mi vida he tenido caries, y a los seis meses de haberme hecho la cirugía tuve las primeras caries y, según la odontóloga y el cirujano, esto se debe a la desnutrición del bypass gástrico y será una secuela que tendré que vigilar por el resto de mi vida.

Otra cosa que no he podido controlar es la presión arterial y la glucosa. Me he llegado a desmayar en la calle, y la primera vez que esto sucedió fue en noviembre del 2020, que habían levantado el aislamiento por la pandemia. Tenía que hacer unos mandados en el banco y no pude llegar. Cuando me desperté, me encontraba en emergencias del hospital y por suerte estaba acompañada de mi marido y mi hija. Este desmayo se debió al calor y el bajonazo de presión y de glucosa. Para poder salir sola a la calle tengo que tomarme la presión y la glucosa y asegurarme de que los números estén en cierto límite, si no lo están no tengo permiso para salir. Por más que me esté cuidando bien, en todo este verano no he podido tener los números adecuados. En un año y dos meses, no se normalizan. Dentro de lo bajo ya he ido encontrando un balance o un número bajo que tengo que observar, pero yo ya sé que hay un montón de actividades que no puedo hacer, y mucho menos sola.

Más allá de todas estas complicaciones de la salud, está mi dismorfia corporal. Yo hice visible mi historia, no para que la gente me felicitara, sino para que supieran que la gordofobia casi me mata. Sin embargo, la sociedad no lo ve así y lo único que ven es a una gorda que adelgazó y la felicitan por esa pérdida de peso. Recibo muchos mensajes de felicitación porque con ropa me veo medianamente aceptable, y para la sociedad me veo bien. Pero cuando estoy en mi intimidad sin ropa, veo que este cuerpo no lo conozco. Porque aunque es cierto que yo fui flaca la mayor parte de mi vida, este cuerpo con pliegues de piel no lo reconozco. Entonces ahora me siento como una persona que está metida en una bolsa. Con ropa no se ve, pero desnuda yo sí me veo. Cuando me agacho me cuelga la panza, me cuelgan las piernas, los brazos. Esto hace que yo tenga dismorfia corporal y no reconozca a esa persona en el espejo. Como me quedó la piel muy sensible e irritada tengo que usar debajo de los pliegues de la piel talco para no lastimarme. Y todo esto crea que yo no me quiera tocar.

Más allá de que yo soy activista y tengo reconocida mi identidad, y tengo muchas herramientas, no me siento segura en mi cuerpo. No me siento bien ni me agrada lo que veo. Entonces, tener que estar lidiando con las secuelas físicas de mi cirugía y de la enfermedad, más la dismorfia corporal al verme en un cuerpo que no reconozco, un cuerpo que no es saludable todavía, en un cuerpo que es totalmente ajeno, me crea mucha ansiedad. Mucha depresión, también lloro mucho. Es muy difícil poder encontrar a alguien que me entienda o que haya pasado lo mismo que yo pero que no celebre esta cirugía. Porque hay muchas personas que sí están en un periodo de felicidad por haberse hecho la cirugía y haber bajado de peso, pero todavía no saben que los resultados de esa cirugía no son para siempre necesariamente, y el tema del peso es complejo. Ocho de cada diez pacientes bariátricos vuelven a aumentar de peso en el transcurso de los años. Pero sí quedan todos los problemas asociados. La desnutrición y la mala absorción de nutrientes son todas esas secuelas que deja la cirugía bariátrica.

Una muy importante es la vesícula. Cuando se baja muy rápido de peso, la vesícula puede crear cálculos, y a mí hace un mes me dio pancreatitis porque se me reventó la vesícula. Estuve internada una semana. Yo por ejemplo no tuve síntomas de que la vesícula estaba mal, y un día comenzaron los dolores muy fuertes y terminé en emergencias operándome. Son secuelas de las que no se hablan y no se conocen, y que son sumamente graves. Si yo me hubiera quedado en mi casa tolerando un poco ese dolor, a lo mejor hoy no estaría contando la historia por una infección con la vesícula reventada. La pancreatitis que me dio fue terrible y tuve que tomar antibióticos por un mes.

Nada aquí es fácil, nada sobre este tema de mi cirugía es fácil. Convivir con un bypass gástrico, si bien me salvó la vida, porque no tenía mucho tiempo, me trajo muchas cosas que me crean dificultades en mi vida. Problemas que son muy complicados y que todavía hoy no termino de entender. Problemas que no me dijeron y que yo en su momento lo único que quería era curar mi enfermedad, que ese tal vez fue mi error más grande. Concentrarme en la enfermedad que tenía en el momento presente y no pensar en lo que podría pasar después de esta cirugía. En resumidas cuentas, esta es más o menos mi historia con la cirugía bariátrica. Espero que le sirva a otras personas.

Aleja - Colombia

Desde pequeña, mi familia ha sido de muy buen comer, entonces yo por ende también tengo muy alto apetito, pero mi salud siempre fue excelentemente buena.

He hecho varias dietas a lo largo de mi vida, y siempre bajaba y subía, hasta que al fin mi papá me dijo que me iba a regalar la operación de manga gástrica, y obviamente eso para mí fue la felicidad extrema porque dejaría de ser juzgada, tendría "mejor salud", etc. Mi doctor no me advirtió al momento de hacerla de todas las consecuencias tanto de salud física como de salud mental que esta decisión conlleva, solo me decía que yo estaba en la edad perfecta para hacérmela para no pasar toda mi vida siendo gorda (me la hice a los 19). El doctor me operó, todo salió bien en la cirugía y me envió un plan de alimentación que solo consistía de proteína. Obvio esto es normal al principio, pero después de 4 meses seguía diciéndome que debía comer solo eso, y ya a los 5 meses de operada dejó de contestar mis mensajes. Yo le escribía: "doctor, me siento mal, no voy al baño hace 2 semanas" y no me contestaba. Literalmente se desentendió de mí.

Antes, como todos, era una gordita muy, muy, demasiado saludable y pesaba ** kilos (y mido ** m, es decir que no tenía tantísimo sobr*peso). Ahora, 8 meses después de la cirugía, el cabello se me cae demasiado, no me llega el periodo desde la cirugía, mi salud mental empeoró bastante, no me crecen las uñas. Odio mi cuerpo aun más que antes, porque antes la verdad yo me sentía mal, supongo, por ser gordita, pero ahora me siento HORRIBLEMENTE mal porque pienso que cualquier mordida a un alimento me va a engordar (como tu metabolismo se ralentiza tantísimo, otra consecuencia de la cirugía, tu ganancia de peso puede ser muy rápida).

Denise - Colombia

Yo me realicé la cirugía bariátrica en el año 2004, con acompañamiento de psiquiatra, nutricionista e internista. Fui "feliz" aproximadamente 5 años. Fui subiendo de peso y, poco a poco, comiendo más. Me sentí frustrada, fracasada, y gracias a Dios que le conté a muy poca gente de mi cirugía, o seguramente estarían hablando más de mí. Primero que estaba muy gorda, luego que estaba muy flaca, luego que está subiendo de peso... y nadie sabía lo que yo estaba sufriendo. También tengo problemas con la fijación del hierro. Debo tomar 2 ampolletas de hierro bebible durante 3 meses, luego hago mis exámenes de laboratorio nuevamente, y por lo general debo continuar bebiendo estas ampolletas, que además, son costosas y he tenido a veces problemas con el seguro médico para que me las reconozca.

En este momento me ha sido muy difícil bajar nuevamente de peso. Subí ** kilos, hablé con el doctor que me hizo la cirugía para ver si me hacía una rectificación y me dijo que NO. Respondió que yo ya tenía una cirugía bariátrica, que la usara. Para mí ha sido muy doloroso, traumático. Pocas personas entienden. Actualmente estoy en el proceso de aceptación de mi cuerpo con una psicóloga de la alimentación colombiana: Margarita Santamaria Cobo.

Hoy en día me gustaría dar mi testimonio acerca de la cirugía bariátrica, yo sí la recomiendo pero lo primero que debe hacer la persona es aprender a nutrirse y luego hacerse la cirugía.

Lupita - México

Yo tengo 2 años de bypass gástrico y para mí es una lucha diaria, estoy obsesionada con la comida, cuento calorías, me doy atracones, sigo con mentalidad de dieta... El primer año todo fue maravilla porque la báscula iba para abajo sin problema alguno. Cumplí los 2 años y el detalle es que ya la báscula va hacia arriba, pero ya me cansé, ya estoy harta de vivir a dieta.

Kathya - España

Tengo 38 años y toda mi vida he estado gorda. Desde que tengo memoria. (Viéndolo en retrospectiva, al mirar fotos de aquel entonces tampoco lo estaba tantísimo, pero en los años 90 era tan enfermiza esa obsesión por la delgadez extrema que hasta un poco de michelín era una aberración). Y mi madre no me alimentaba mal, es más, comía mucho más sano que el resto de los niños, pero ni así.

Llevo haciendo dietas desde que tengo 7 años, aunque muchas veces me las saltaba (es muy duro para una cría que en un cumple en la clase te den chuches y no puedas comerlas, pero aún así la culpabilidad me reconcomía), pero como me echaba bronca mi madre luego me redimía. (Mi madre, padre, hermanos, abuela, médicos...). Hasta que cumplí 13 años hacía dietas y adelgazaba más o menos bien... pero ahí me planté en ** kilos y no hubo manera.

Me operaron, en junio del 2006 estaba en unos ** kilos. No fue un camino de rosas la operación, hubo complicaciones que me llevaron a quedarme una semana más en el hospital. (Se me inflamó el empalme del intestino con el estómago y solo vomitaba).

Después de nueve meses adelgacé ** kilos, pero me atasqué. Lo hacía bien, seguía las normas pero no había manera de adelgazar. Se lo comenté al nutricionista y me dio una dieta de **** calorías normal y corriente. Y por supuesto, no dio resultado. Así que me puse a hacer Atkins y logré mi mínimo: ** kg. Cinco meses después, ya había subido otra vez ** kilos.

En agosto del 2008 fui al médico y me confirmó un embarazo. Me costó una semana mentalizarme, pero empecé a manchar marrón, fui a urgencias y miraron que se había parado dos semanas antes, en la semana 7. El doctor me indicó que estaba demasiado gorda, que adelgazara unos ** o ** kilos la próxima vez que quisiera quedarme embarazada, incluso después de indicarle que tenía el bypass y que no fue un embarazo voluntario.

Los meses que siguieron a mi aborto volví a engordar, con un extra. Así que, en marzo del 2009, me quedé embarazada otra vez y entonces pesaba ** kilos, cuando fui a la primera consulta del ginecólogo. Ahora parecía que iba todo bien con el embarazo, aunque yo iba adelgazando. Llegué a pesar ** kg, y todos los médicos contentos, incluso no me dijeron nada una semana que adelgacé * kilos. Qué casualidad que encontraron en la niña esa misma semana que era diez días más pequeña de lo que debiera, aunque para la semana 33 se recuperó de tamaño.

El embarazo se desarrolló bien, aparte de las molestias que tenía (cansancio, dolor de cabeza, de muelas). Pero, desgraciadamente, no terminó bien. En la semana 35 encontraron que yo tenía los ácidos biliares altos, que causa una enfermedad, colestasis que tiene una gran incidencia de muerte súbita fetal. Durante la semana 36, a 20 días de mi fecha prevista para el parto, un día noté que no se movía bien, los sanitarios que consulté me decían que no me preocupara, que se estaría encajando, pero al ir a consulta de monitores y no encontrar el latido y hacerme una ecografía me confirmaron que mi hija había muerto. Me empezaron a inducir el parto y a la mañana siguiente la parí. Le hicieron una necropsia y después la enterramos; me dieron los resultados de la necropsia cuatro meses después: causas desconocidas. Estaba completamente sana, la placenta no tanto, pero los médicos no le dieron importancia. (Siempre me quedaré con la incógnita de si fue mi malabsorción y todos los cambios que el bypass había producido en mi organismo lo que me provocó la colestasis que mató a la niña).

Estoy harta de que gente ignorante piense que todo me ha pasado por estar gorda (cuando he conocido mujeres incluso más gordas que yo que han tenido un embarazo sin complicaciones y tienen sus hijos vivos... y en los foros de chicas que hemos perdido, ninguna tiene mi situación física).

Estoy muy descontenta con la cirugía, el tratamiento de después, con todo. Alguna vez pensé en decirlo en los foros de adelgazarnet, pero en cuanto ven a alguien que no le fue bien empiezan a ponerse nerviosos y te llaman la atención.

En el gimnasio podía hacer pesas y aquagym, casi lo único, porque tengo la rodilla derecha con dos operaciones y con artritis. Hoy ni eso puedo porque tengo la columna lumbar destrozada. Y bueno, ahora porque no me mareo, pero cuando me recuperé de la cirugía me apunté a otro gimnasio y tuve que dejarlo porque se me iba, me mareaba muchísimo al hacer cosas aeróbicas.

Viendo foros americanos de personas operadas, he visto que le pasa a más gente, y muchos se arriesgan a una "revisión" de la operación. En mi caso, el control que he tenido por parte del nutricionista ha sido pésimo. Veía el tío que había engordado casi ** kg y lo único que se le ocurre es pasarme de una dieta antiquísima de **** calorías a una de ****... y encima no me cabía todo lo que ponía que tenía que comer, y no adelgazaba.

Cuando terminó mi lactancia con el niño con casi 4, tardé dos meses en quedarme embarazada, pero a pesar de tomarme todas mis vitaminas, en la primera ecografía vieron que tenía anencefalia y que no era compatible con la vida y me vi en la obligación de abortar a las 12 semanas. Esta es otra de las cosas que achaco a la desnutrición permanente que me dejó el bypass.

Después de este nuevo revés empecé a tomar antidepresivos otra vez, esta vez Prozac, y he estado tomando hasta febrero de este año, e hice ese 2016 una última dieta que me llevó a adelgazar un poco y en cuanto ya me atreví a comer como una persona con una vida normal pues recuperé y ya me planté, no más dietas... Y desde entonces me estoy manteniendo, con mi ob*sidad m*rbida sin resolver, con el déficit de vitaminas y minerales pero sin volverme loca con la comida y comiendo lo que quiero cuando me apetece, sin bajar ni subir de peso, valiéndome de la misma ropa de entonces.

También en estos últimos años he tenido problemas de salud diversos, como cuando me dio apendicitis y me tuvieron que operar de urgencias, la lesión degenerativa congénita de mis lumbares que me deja paralizada de dolor todas las mañanas, la rodilla con artritis por otra operación que no salió muy bien, que me impide hacer nada porque se me bloquea y no puedo ni pisar firme. Mis múltiples trastornos dentales provocados por la debilidad que me dio el bypass y los embarazos a mi dentadura por el constante vómito de los primeros años que ni muelas tengo, y mi analítica llena de déficits de hierro, vitamina B12, ácido fólico, etcétera... Lo gracioso es que antes de la cirugía lo único que tenía de más eran los triglicéridos y el colesterol, y tampoco mucho, ni siquiera la tensión la tenía alta, cosa que ahora un poco sí.

Ah, y luego la familia dando apoyo... Viendo que no adelgazaba bien, que qué pena después de lo mal que lo pasé al operarme que no esté delgada, tanto sufrimiento para nada, que si no lo has hecho bien, que por qué las otras sí y tú no, que si pierdes los embarazos por gorda...

Capítulo 10

Cuidados de por vida

Si ya te hiciste la cirugía y lees este libro, te sugiero revisar toda la lista de secuelas que mencioné en el Capítulo 4 y que te informes con tu doctor de cómo prevenir todas esas posibles consecuencias. O cómo aprender a escuchar tu cuerpo para prevenir o detectar a tiempo los síntomas, antes de que estos se manifiesten en un estado crítico. Esa lista de secuelas es un documento de qué prever y te compartiré tips que están relacionados a lo que yo vivo. No menciono cuidados de secuelas que no he vivido, porque no tengo la experiencia. Espero que este libro te ayude mucho a cuidarte. La información es poder.

- Se recomienda tener un equipo de doctores y

especialistas alrededor nuestro. Un doctor general que cuide todos los síntomas del día a día, año a año. Un nutricionista, ojalá bariátrico, que al menos al principio te explique cuáles son las prioridades. No para perder peso o mantenerlo, no. Las prioridades nutricionales de nuestros cuerpos. Un cirujano que conozca nuestro caso y a quien podemos recurrir sintiéndonos apoyados y en confianza. Y, por supuesto, un psicólogo especializado en trastornos de la conducta alimenticia, para poder tener su apoyo en cualquier momento. Sugiero que todos tus especialistas, si puedes encontrarlos, estén alineados con Salud en todas las tallas.

- Existe una deficiencia de la que yo nunca supe hasta que encontré un sitio web que vende vitaminas bariátricas. Es decir, es un sitio web donde les interesa darte una lista de secuelas para que compres sus suplementos. Están a favor de la cirugía bariátrica porque gracias a ello hacen su dinero, pero les interesa informarnos sobre posibles secuelas para entonces comprar sus productos. Sea como sea, este sitio web me ha ayudado muchísimo a informarme y descubrir que existe una deficiencia de tiamina o la vitamina B1, que provoca síntomas muy similares a los de la fatiga crónica. Es muy importante estar chequeando la vitamina B1, porque cuando finalmente se descubren deficiencias hay que recibir inyecciones para poder abastecer el cuerpo. (Este sitio web no vende tiamina, así que esta es información valiosa que después corroboré con otros sitios de salud y resulta ser una deficiencia muy común en muchos pacientes bariátricos que la mayoría de los doctores desconocen).

- Examen de sangre regular: siempre estar pendientes de las deficiencias de hierro, vitaminas B12, B1, etc. Asegurarte de que te hacen un cuadro completo de todas las vitaminas, los metales y minerales en la sangre. Todo lo que tenga que ver con la alimentación. Yo personalmente creo que hacer un examen de sangre cada seis meses es muy importante. La prevención lo es todo cuando se trata de deficiencias nutricionales, y no hay que esperar a que los números estén muy bajos.

- Dependiendo de tu química personal, necesitarás poder ver esos exámenes con tu doctor y a veces conversar sobre si tienes algunos de esos niveles bajos, pero no bajos según el "índice normal", sino bajos para ti, ya que pueden estar afectando tus niveles de energía o generando otros síntomas. A veces, como me sucedió a mí, el hierro o la proteína no tienen que estar debajo del "nivel normal" para que te afecten.

- Comer suficiente proteína. Esto lo entendí recién a comienzos del 2021, es decir, doce años tarde. Los pacientes bariátricos necesitamos comerla todos los días. Yo me ayudo con una proteína bariátrica, porque a veces se me hace muy pesado, y algunas personas deben incluirla de forma intravenosa porque solo así pueden procesarla.

- Tomar vitaminas bariátricas y suplementos bariátricos. Nunca las vitaminas normales que venden en las farmacias, tiendas naturistas, etc.

- En el año en que se hace la cirugía y empiezas a perder peso, hacer un ultrasonido o un chequeo para asegurarse de que no hay piedras en la vesícula. Cuando se pierde peso muy rápido, la vesícula se puede sobrecalcificar y crear piedras.

- Tira la balanza a la basura, y por nada del mundo vuelvas a pesarte en tu vida. No puedo explicarte lo importante que fue esto en mi proceso después de la cirugía. El cuerpo siempre va a fluctuar de peso.

- La acidez o agrura en el estómago son bastante comunes, sobre todo en pacientes de manga gástrica. Si comienzan a molestarte mucho incluso tomando antiácidos, no dejes que pase tanto tiempo sin hacerte una gastroscopia o los chequeos que correspondan.

- A muchas personas se les baja la presión. Mi doctor me recomendó comer en la primera hora despierta algo muy salado y, durante la mañana, comer sal.

- Comenzar a comer en la primera hora del día. A mí esto me cuesta mucho, pero he notado una gran diferencia en mi estado de energía durante el día desde que lo practico. Me tomo la primera dosis de proteína en un vasito de agua, junto con un cracker y un pedazo de queso con mucha sal. Además, las proteínas necesitan una harina para poder digerirlas.

- Si han pasado más de cinco años de tu manga gástrica y comienzas a presentar un caso de acidez y reflujo severos, mencionar a tu gastroenterólogo que has escuchado sobre el *twist* o torsión gástrica y que te quieres asegurar de que no tienes eso. Para ello, la gastroscopia tiene que ser profunda y llegar hasta la manga gástrica. Esta no es una secuela muy conocida por el equipo médico. También, que te hagan un estudio de la motilidad de tu esófago o que busquen si hay hernias. Estas dos cosas pueden suceder después de ambas cirugías.

- He estado aprendiendo que las personas con bypass gástrico desarrollan cándida o bacterias más a menudo. He descubierto el aceite de orégano para uso interno (no aceites esenciales). Existen unas marcas de aceite de orégano soluble, y me han ayudado a balancear mis problemas intestinales. Sobre todo los episodios severos de flatulencias. Por favor, recuerda que no soy doctora y que esta es una recomendación meramente personal. El aceite de orégano es muy fuerte y tiene que ser de los que son específicamente para tomarse.

- Nunca estás de alta. Yo nunca bajaré la guardia después de mi cirugía bariátrica. Planeo una visita obligatoria al doctor para hacerme exámenes de sangre en enero y otra en julio por el resto de mi vida. Nos acostumbraremos a hacerlo y será nuestra nueva normalidad, pero la desnutrición a nivel micro, de todas las vitaminas, minerales y metales, nunca la volveré a descuidar, porque nunca absorberemos como las personas sin cirugía. ¿Quién me iba a decir a mí que una carencia de nutrientes me iba a bajar el

metabolismo?

Capítulo 11

Tu directorio

Este directorio es para ti. Es una compilación de fuentes que han sido muy importantes en mi educación y en mi entendimiento de cómo cuidarme lo mejor posible. Cómo entender mejor el movimiento de Salud en todas las tallas y profundizar en la alimentación intuitiva.

Libros

Estos son libros imprescindibles en nuestras vidas y en nuestro camino hacia la liberación corporal. Algunos están en inglés, pero desafortunadamente no existe mucho material en español.

En español:

Al diablo con las dietas, Caroline Doone. (Ediciones Urano, 2020).

El cuerpo no es una disculpa, Sonya Renee Taylor. (Editorial Melusina, 2019).

El peso que más pesa, Mariana den Hollander. (Amazon, 2020).

Mi cuerpo sin reglas, Noe Previtera. (Emporio, 2019).

Yo debería ser flaca, Franca Maravilla. (Grijalbo, 2018).

En inglés:

Anti Diet, Christy Harrison. (Little Brown Spark, 2019).

Body Respect, Dr. Lindo Bacon. (BenBella Books, 2014).

Fat Is a Feminist Issue, Susie Orbach. (Arrow, 2006).

Fearing the Black Body, Sabrina Strings. (New York University Press 2019).

Intuitive Eating: A Revolutionary Program That Works, Evelyn Tribole, Elyse Hesch. (St. Martin's Griffin, 2003).

Measuring Health From the Inside, Carolyn Hodges Chaffee. (FriesenPress, 2015).

What We Don't Talk About When We Talk About Fat, Aubrey Gordon. (Beacon Press, 2020).

Cuentas en Instagram

Te recomiendo seguir todas estas cuentas. La cuenta de @somoshaes es un directorio de profesionales bajo esta filosofía. Hay psicólogas respetuosas con la diversidad corporal, activistas, nutricionistas y más. Todas estas personas están en diferentes países de Latinoamérica, en Estados Unidos y España.

Adriana Convers @fatpandora - Fashion blogger plus size

Antonia Larraín @antolarrain_ - Activista y comunicadora feminista y Body Positive

Body Positive de la BBC @bbcbodypositive - Cuenta de representación de la BBC

Brenda Mato @brenda.mato - Modelo y activista plus size

Dra. Candelaria Lopez @caminoaconfiarentucuerpo - Doctora alineada con Salud en todas las tallas

Carolina Celada @psicologacarolinacelada - Psicóloga respetuosa de la diversidad corporal

Christy Harrison @chr1styharrison - Escritora y nutricionista de la alimentación intuitiva. Su podcast es una universidad: Food Psych

Courtney Shove @fat_girl_has_moxi - Activista body positive y patinadora

Dana Falsetti @practicewithdana - Profesora de yoga con membresía opcional

Danae Mercer @danaemercer - Sobreviviente de desórdenes alimenticios, enseña cómo el Photoshop y la fotografía alteran los cuerpos

Eli del Basto @elidelbasto - Fashion blogger plus size

Gabilú Mireles @gabilumireles - Coach de autoestima

Gabi Fresh @gabifresh - Modelo y activista plus size, creadora de una línea de trajes de baño plus size

Gregory Dodell @everything_endocrine - Endocrinólogo alineado con Salud en todas las tallas

Dra. Haica Rosenfeld @drhaicarosenfeld - Psicóloga especializada en trastornos de la conducta alimentaria (TCA) alineada con Salud en todas las tallas

Ilana Borovoy @ilanaborovoy - Nutricionista incluyente, alimentación intuitiva y confianza corporal

Dra. Irasema Vasquez @nutriologacdmx - Doctora especialista en nutrición alineada con Salud en todas las tallas y alimentación intuitiva

I Weigh @i_weigh - Cuenta de inclusividad radical fundada por Jameela Jamil (@jameelajamilofficial)

Jessamyn Stanley @mynameisjessamyn - Profesora de yoga y escritora del movimiento body positive

Joshua Wolrich @drjoshuawolrich - Cirujano enfocado en Salud en todas las tallas

Lorena Torres @lore.nutrition - Nutricionista especializada en hipotiroidismo y salud intestinal. Dos años de experiencia dentro de la cirugía bariátrica

Magda Pineyro @lamagduchi - Escritora y activista gorda

Margarita Santamaria Cobo @llenatedeticonmarga - Psicóloga de la alimentación alineada con Salud en todas las tallas

Maria Teresa Valero @mariateresavalero_ - Psicóloga especializada en dismorfia corporal

Meg Boggs @meg.boggs - Atleta y activista de la diversidad corporal

Megan Jayne Crabbe @bodyposipanda - Activista y autora del libro *Body Positive Power*

Melissa Mata @psicologamelissamata - Psicóloga TREC y terapia cognitivo conductual

Miriam LM @lagordafeminista - Escritora y activismo gordo

Monica Gonzalez @sanamente.monica - Confianza corporal y Podcast: Guapas de cara

Mujereología @mujereologia - Cuenta de temas diversos relacionados a la mujer. Podcast: Mujereología Radio

Natalie @bodyposibarre - Instructora de Barre certificada en Salud en todas las tallas

Noe Previtera @micuerposinreglas - Kinestesista y especialista en reconexión corporal. Podcast: Coma y Punto

Dra. Pamela Basulto @drapamebasulto - Médica cirujana y Nutricionista

Pao Marroqui @colorfoodnutri - Nutricionista de la alimentación intuitiva

Paula Diaz @nutriendovidas.cr - Nutricionista especializada en Salud en todas las tallas, alimentación intuitiva y Trastornos de la Conducta Alimentaria

Priscila Arias @lafatshionista - Bloguera de moda plus size

Raquel Lobatón @raquelobaton - Nutricionista incluyente, alimentación intuitiva, activista y educadora de la diversidad corporal alineada con Salud en todas las tallas

Rosario Espino Hernandez @rosariolanutrirox - Nutricionista y Coach de la alimentación consciente

Sara Marcos @nutricionsari - Nutricionista de la alimentación intuitiva. Podcast: Coma y punto

Silvia Jorrin @silviajorrin_bodypositive - Coach Diversidad Corporal y alimentación intuitiva. Podcast: Ni una dieta más

Somos HAES @somoshaes - Directorio de profesionales alineados con Salud en todas las tallas

Sonya Renee Taylor @sonyareneetaylor - Escritora best seller y activista body positive

Stefy Fernandez @stefyactiva - Nutricionista Anti dieta y alimentación intuitiva

@stopgordofobiaoficial - Cuenta de concientización sobre la gordofobia

Victoria Lozada @nutritionisthenewblack - Nutricionista Anti dieta y alimentación intuitiva

Yesi Reyes @yesi_kreyes - Activista de la diversidad corporal y concientización sobre la cirugía bariátrica

Manufactured by Amazon.ca
Bolton, ON